国家"十二五"重点图书

本书获国家社会科学基金项目"基于标准竞争优势的中国贸易投资大国发展战略研究"（批准号：11BJL050）资助

国家出版基金项目
NATIONAL PUBLICATION FOUNDATION

大国经济丛书　　　主编　欧阳峣

基于标准竞争优势的
中国贸易投资
大国发展战略研究

侯俊军　著

格致出版社　　上海人民出版社

总　序

　　经济学发展历史表明,经济理论的重要程度往往取决于被解释现象的重要程度。中国的崛起被称为"东亚奇迹","金砖国家"的崛起已成为"世界奇迹",这说明大国经济现象的重要程度是毋庸置疑的。如果将典型的大国经济发展现实和经验的研究提升为普遍性的理论体系和知识体系,那么,中国经济学就有可能掌握国际话语权。

　　一般地说,掌握国际话语权应该具备三个条件:一是研究的对象具有典型意义,被解释的现象不仅对某个国家的发展具有重要意义,而且对世界的发展具有重要意义;二是取得的成果具有创新价值,在学术上有重要发现,乃至创造出新的科学理论和知识体系;三是交流的手段具有国际性,研究方法符合国际规范,可以在世界范围交流和传播。

　　在大国经济研究领域,第一个条件是已经给定的,因为大国经济发展具有世界意义。关键是要在第二个条件和第三个条件上下功夫。要通过创造性的思维和研究,深刻把握大国经济的特征和发展规律,构建大国经济的理论体系和知识体系,追求深层次的学术创新和理论突破;要使用国际化的交流手段,运用规范的研究方法和逻辑思维开展研究,从中国与世界关系的角度来看待大国经济问题,并向世界传播大国经济理论和知识体系,从而使大国经济理论具有世界意义和国际影响力。

　　我们将联合全国的专家学者,致力于探索超大规模国家经济发展的特征和规律,进而构建大国经济理论体系和知识体系。格致出版社以深邃的目光发现了这个团队的未来前景,组织出版这套《大国经济丛书》,国家新闻出版总署将其列入

"十二五"国家重点图书出版规划，为大国经济研究提供了展示成果的平台。

我们拥有这样的梦想，并且在集聚追求梦想的力量。我们期望这个梦想成为现实，并用行动构建中国风格的经济学话语体系，为中国经济学走向世界做出积极的贡献。

欧阳峣

前　言

我国在从贸易大国向贸易投资大国转变的演进过程中,必然遭遇更多、更复杂的国际市场竞争。而标准竞争已经逐渐超越传统的竞争方式,成为当前国际市场竞争的最主要形式。因此,发展标准竞争优势是发展贸易投资大国的必然要求。虽然 TD-SCDMA、IGRS 等案例说明我国存在着标准竞争优势,并且具有将标准竞争优势发展成为贸易投资优势的条件,但现在这种优势没有充分发挥出来。探索标准竞争优势的形成机制,提出充分发挥标准竞争优势、推动贸易投资大国健康发展的政策建议,建立阐述标准竞争优势对国际贸易和投资的作用机制,这对我国的对外贸易和投资发展具有理论和实践上的重要意义。

一、标准竞争优势是国际贸易和投资的新基础

标准竞争是社会生产力和市场发展到一定阶段的产物。随着科学技术的进一步发展,技术复杂程度、分工精细化程度以及生产组织和资源动员能力不断提高,整个市场充盈着无限的资源、技术和产品,厂商之间的竞争也从对生产资源和生产要素的争夺发展到对游戏规则的决定权的争夺,单个产品之间的差异化竞争逐步演变成所在行业和市场的标准竞争,控制或影响各个层面标准的制修订成为市场竞争新的焦点。国际市场竞争也从资源禀赋、技术差异、市场规模、消费文化的竞争发展到国内标准、区域标准和国际标准的竞争。

标准竞争优势是指在国际标准竞争中,参与竞争的国家、企业或其他相关主体挤出竞争对手的标准,将自己主导制定的标准演变成国际标准,或者成为市场

i

上广为接受的事实标准,从而取得标准竞争胜利的一种状态。它可以集聚生产要素、减少市场竞争、强化国际治理。标准竞争优势能够帮助一个国家更好地进行对外贸易和投资,对外贸易和投资规模的扩大也能强化其标准竞争优势。一个国家的标准化水平,对其对外贸易、投资的规模、结构和效益有着重要的影响。国内标准化水平越高,国际标准参与和影响程度越高,对外贸易和投资规模越大,越处于国际分工的高价值阶段。一个国家掌握了国际标准制定的主动权,也就掌握着国际贸易和国际分工价值分配的主动权。

二、大国效应使发展中大国也能赢得国际标准竞争

技术水平和市场基础是赢得标准竞争的两个重要条件。发达国家在这两个方面的优势给发展中国家赢得国际标准竞争设置了很大的障碍。但是,在市场基础达到一定程度的情况下,技术相对落后的国家也可以赢得国际标准竞争。以中国为代表的发展中大国,既拥有国内规模巨大的消费者市场,又是国际市场重要的供应者,这就使其能在国际标准竞争中充分利用大国地位,形成大国效应。发展中大国通过统一国内标准构建巨大的国内消费市场,通过对外贸易和对外投资来扩大其国内标准的市场基础,就能争取到赢得国际标准竞争的机会。

同时,发展中国家的企业基于其生产成本的优势,逐步积累起某一个或者某几个关键技术的优势,逐步参与发达国家客户的模块与技术规则的设计,扩展和提升其在国际分工中的价值区段,争取更多国际标准竞争的主动权,最终获得国际标准竞争的优势。

三、中国已有一定的标准竞争优势,成为扩大对外贸易与投资的重要因素

中国从"引进来"和"走出去"两个方面积极参与国际标准竞争。在"引进来"的工作中,提高国内标准的采标率,更大规模采用国际标准和国外先进标准,吸收跨国公司、国际标准机构和国际标准专业人员进入国内标准化技术委员会,参与

国内标准制定,大幅度提升国内标准与国际标准的一体化程度。在"走出去"的工作中,鼓励国内企业和标准组织积极参与 ISO、ITU、IEC 等国际标准组织的活动,提交国际标准提案,参与国际标准的制定,通过对外贸易和对外工程承包推动中国标准进入国际市场。这些都大幅度地提升了中国的标准竞争优势,为中国对外贸易、投资提供了全新的系统的竞争优势。

跨国公司基于其技术优势,不仅在国际市场上积极影响、控制标准的制定,还广泛参与东道国的标准化活动,试图将技术优势渗透进入东道国的国内标准,实现对东道国更深层次的市场、技术、政策的影响乃至控制。在中国市场,除了"航空器和航天器工程"和"军事工程"之外,其他领域的标准都有跨国公司的参与。跨国公司参与中国国内标准化,对于提升中国标准化过程的国际化程度、促进国内标准化进程、增强标准化过程的透明度和市场化程度等方面有着积极的影响,但同时也可能从市场、技术、政策等方面威胁到国内的产业安全,而且这种影响相比简单地对某一个技术或产品的控制,对东道国产业安全的影响更大、更深远。

实证检验表明,国内标准化水平的提升,能够显著地扩大对外贸易规模,推动对外直接投资,提升我国产业的国际竞争力,特别是从我国标准的国际化程度和长期检验来看,这些效用更加明显,标准竞争优势已是影响我国国际市场竞争的重要因素。但是,实证结果也显示,国内标准化水平对于吸引外资的作用不突出,这说明跨国公司存在着矛盾心理,既希望将其技术和标准优势在中国得到体现,也希望借助于中国市场与国际市场的差异来谋取更大的利益。

四、实施以标准竞争优势为基础的对外战略

在我国从贸易投资大国向贸易投资强国转型的过程中,应该推动以标准竞争优势为基础的对外战略。实施这个战略的关键在于积极推动标准竞争优势的形成、运用和维护,争取国际标准竞争的主动权和话语权。

1. 标准竞争优势的战略性形成政策

技术层面上,对不同发展阶段的技术领域选择不同的标准竞争战略。对于已

经处于国际先进水平和具有战略性意义的技术领域,要尽快以中国技术为基础,占领国际标准高地。前者需要尽快地将技术优势转化为标准优势,在技术研发的同时制定、衍生出国际标准,把握住技术发展的前沿和产业链发展的高端。后者要密切关注相关技术的世界发展动态,找准战略性切入点,形成具有中国技术基础的标准体系。对于没有处于技术前沿但并不落后的技术领域,要采取跟踪培养的标准竞争战略。在与国外厂商竞争、合作的过程中,密切关注技术发展动态,利用设计模块化分工、同步开发平台,找到合适的契合点,逐渐嵌入并提升在国际价值链中的位置。对于相对落后而目前又没有很强战略意义的技术领域,则着眼于长远发展。在技术和标准资源有限的情况下,减少在这些领域的资源配置,不求短期内有突破。

市场层面上,加强标准的商业化运行,扩大标准的市场基础。在国内强化市场的统一,加强部门和地方标准之间的沟通,减少或避免因部门利益和地方利益造成的市场分割。对于需要进入全国市场的产品,在制定地方标准之前,先核实其他地方已经发布的相同产品的标准,避免出现矛盾之处。引入地方标准互认制度,各省发布的地方标准只要不与国家标准、技术法规相违背,就相互承认、相互接受。在国际市场大力推进对外经济活动中的标准战略,积极鼓励中国标准的输出。鼓励按照中国标准生产的产品出口,鼓励按照中国标准设计、施工的对外投资和工程承包。在对外贸易、投资、工程承包的考核和财政补贴体系中引入"是否带动中国标准走出去"选项。在对外援助中,对能够认同、接受中国标准的受援国家,给予政策、资金与项目上的倾斜。推动"中国标准"与"中国设计"、"中国生产"和"中国资本"的深度融合,全面带动中国产品与服务的整体出口。

2. 标准竞争优势的战略性运用政策

实施战略性标准化政策,强化标准引领市场发展、提升国际竞争能力的作用。将标准政策提升到与财政政策、货币政策、产业规划等经济调控手段平行的高度,强化其引导产业和技术发展的巨大作用。选择拥有国际竞争优势的产业和外部性强的产业,率先突破标准瓶颈,以国家之力推进标准制修订和国际化的力度,形成中国标准走出去的坚实基础。在国内市场和国际市场营造使用中国标准的氛围,树立中国标准的国家形象,让国内外民众普遍知晓、认同、接受中国标准。

推进标准化的系统建设,提高标准的全产业链覆盖比率。在制修订标准计划中,优先安排和鼓励"标准族"项目,围绕优势产业和优势技术,针对整个产业链来制定标准,在企业之间建立战略合作伙伴关系,形成标准输出的"联合舰队",共同进入国际市场。

提升中国标准的国际化能力。在制修订具体标准时,尽量与国际标准相衔接,采用国际市场认可的方式进行表述,提供多种国际语言版本;大力推动国内标准化专业人员进入国际标准化机构和平台,有效管理跨国公司、国际标准化机构的专业人员参与国内标准化活动,打通标准制修订的国内外信息传递和交流通道。

实施"人海战术",占领国际标准机构。培养、选拔标准化综合性专业人才,推荐其进入国际标准化机构担任领导职务。在国际标准制定过程中出现中国的形象与声音,谋求中国在国际标准舞台上的话语权,扩大中国对国际标准化的影响。

3. 标准竞争优势的战略性维护政策

明确外资企业参与中国标准化的界限。强制性标准的制定和颁布限制甚至不允许外资企业和跨国公司的介入,推荐性标准的制定过程中允许跨国公司参与,但对其参与的形式、范围和程度等进行相应的规范。

构建开放条件下政府标准化管理模式。协调标准制定中不同利益相关方的利益诉求,扩大标准化技术委员会、技术联盟、产业联盟、研究机构等市场力量在标准制定和实施中的比重,给予协会标准、联盟标准以合法地位。设立中国标准化国际专家委员会等机构,欢迎跨国公司、国际标准化机构、国外专家等作为正常的利益相关方参加标准联盟等组织,正确引导其发表合理的意见和建议。

设立标准化领域的国家安全监督机制。在国家外向型经济监测指标体系中,设置标准化内容。在国家标准审查过程中,加大对有外资企业参与的标准的审查力度。在国家安全监管部门,设立标准化监管机制,对标准化全过程进行监督。

将标准制定与产业安全结合起来。从保护国内产业安全的角度,在制定国家标准的过程中,与对外贸易的实际情况密切结合,构筑适合我国进出口状况的技术性贸易壁垒体系。

Abstract

During the process of evolving from a big trading nation to a big trading investment nation, our country always encounters more and more complicated competitions in the international market. However, standard competition has gradually beyond traditional competition forms, and becomes the main form in the recent international market competitions. Therefore, to develop the advantage of standard competition is an evitable requirement of developing trading investment nation. Though, cases such as TD-SCDMA, IGRS indicate that our country has the advantage of standard competition and has the condition of evolving from the advantage of standard competition to the advantage of trading investment, but the kind of advantage hasn't played into role yet. Exploring the form method of the advantage of standard competition, presenting the political suggestions of fully expressing the advantage of standard competition and putting forward the sound development of the trading investment country, establishing stating the working method of the advantage of standard competition to the international trade and investment, have the important meaning of practice and theory of our country's external trade and investment development.

1. The advantage of the standard competition is a new foundation of international trade and investment

Standard competition is a historical product of social productivity and market have been developed to a certain stage. With the development of scientific technology, the level of the sophistication of technology, the development of the refinement of the division and the ability of production organization and resource mobilization, the whole market is full of infinite resources, technology and products. The competitions of companies have been changing from the war of resources of production to the rule of the games. The competitions of differentiation of single production has gradually evolving into the competition of standard in the certain industry and market. Controlling or affecting the revision of all levels' standards becoming the new focus of market competition. International market competition evolves from the resource endowment, technology differentiation, market scale, consumption culture to national standard, regional standard and international standard.

The advantage of standard means in the international competition, nations, companies and other relative organizations who joined in the competition squeeze the standard of rivals out, then put the standard which they lead to formulate to be the international standard or the highly accepted standard in the market instead. The advantage of standard competition can gather production issues, reduce market competition, and strengthen international management. Moreover, the advantage can be more helpful for a country to invest and trade abroad, meanwhile adversely development of investment and trading can strengthen the advantage of standard competition. The level of standardization of a country, has an important influence not only in the external trade, but also in the scale, structure and beneficial result of investment. The higher level of standardization, participation and influence of international standard, the bigger scale of external trade and investment, the more easily be in high value condition of division of labor. A country who can seize the initiative of formulating the international standard, then has the initiative of international trade and the international division of labor and value.

2. The great nation effect lets the big developing nation wins the international standard competition

The standard of technology and the foundation of market are two important conditions to win the standard competition. These two advantages which developed countries possess can make a big obstacle for developing countries to win the competition. However, when the foundation of the market reached a certain level, the county can win the competition even without leading technology. As representative of big developing countries, China has the massive consumer market and is the important supplier in the international market, which let it fully using the big nation status in the international standard competition, forming the great nation effect. By means of unifying internal standards, big developing countries can establish massive internal consumption market, using external trade and investment to magnify the market foundation of internal standard, to win the opportunity of international standard competition.

At the same time, based on the advantage of production cost, the companies in developing counties gradually building up the advantage on key technology, taking part in the design of the mode of developed country buyers and technology rules, exploring and improving the value zone of division of labor, winning over the initiative of international stand competition. Finally, got the advantage of international standard.

3. China has the advantage of standard competition of some certain level, becomes an important issue of magnify external trade and investment

China takes part in international standard competition in two levels, attracting foreign investment and going global. In the work of attracting foreign investment, China enhanced the standard rate of national standards, used international standards and foreign standards more frequently, absorbed transnational companies, international standard institutions and international standard staffs into national standard technology committee, took part in the formulating of national standard, developed the integration of national standard and international standard. In the process of going global, China encouraged national companies and standard institutions to join in the activities of international institutions, such as ISO, ITU and IEC, committed international standard bills, participated in the formulation of international standards, by means of external trade and constitution contract, and put forward Chinese standards into international market. Such moves can highly develop the advantage of Chinese standard competition, equip Chinese external trade and investment with brand new systematic competition advantage.

Based on the advantage of technology, transnational companies not only positively influence and control the formulation of standards in the international market, but also widely join in the standard activities of host counties, try to plunge technology advantage into the national standard of the host counties, finally, realize deeper level influence and control of the market, technology and policy. In Chinese market, except for 'aircraft and spacecraft project' and 'military project', standards in other regions all have the participation of transnational companies. The participation in Chinese standardization for transnational companies make a positive influence on promoting the level of standardization of the process of Chinese standardization, boasting the process of nation standardization, strengthening the transparency of the process of standardization and the level of marketization. However, at the same time they can threaten the nation industry security in the level of market, technology and policy, etc., and this kind of influence is bigger and more far-reaching compared to the simple control of technology and product in the host country.

Empirical tests indicate, the development of the level of domestic standardization, can significantly enlarge the scale of foreign trade, promote the foreign direct investment, promote the international competitiveness of industry in our country, especially from standard internationalization in our country. In the long-term test, the effect is more obvious, standard competitive advantage is the important factor that affect China's international competition in the international market. However, the empirical results also show that the domestic standardization level to attract foreign investment is not outstanding which is suggesting that there is ambivalence mind in multinational companies. Then want their technology and standards reflected in China, at the same time they also hope that with the aid of the difference between the Chinese market and international market, for them to seek bigger interests.

4. Implementing the external strategy which is based on the advantage of standard competition

In the process of our country evolves from a big trading investment nation to a trade and investment power, we should promote foreign strategy on the basis of the standard competitive advantage. The key point of implementing this strategy is to actively promote the standard form, use and maintenan competitive advantage, take the initiative and voice of international standard competition.

(1) The strategic formation policy of the advantage of standard competition

In the technical level, different developing stages of the technology comes the different standard competition strategy. As for the technical field which has been in the international advanced level and have strategic significance, should based on Chinese technology as soon as possible and occupy the highland of international standard. The technical field which has been in the international advance level, need to convert technology advantage into standard as soon as possible, at the same time of technology research, formulate and derive into international standards, grasp the forefront of technology development and of the high-end of the development of industrial chain. The technical field which have strategic significance should pay close attention to the development dynamic of related technology, alignment with strategic breakthrough point, forming into Chinese technical foundation standard system as soon as possible. As for the technological field which isn't in the frontier of technology and fall behind, should take the tracking training standard competitive strategy. In the process of competition and cooperation with foreign manufacturers, we need pay close attention to technology development, use the modular division of labor, synchronous development platform, find the right spot, gradually embed and rise in the position of the international value chain. For the technology field which is relatively backward and now has not a strong strategic technology, focus on long-term development. In the condition of limited standard resources and technology, reduce the allocation of resources in these areas, do not focus on a short-term breakthrough.

In the market level, we should strengthen the operation of commercial standard and expand the market infrastructure of market standard. In the domestic market, we should Strengthen the unification of market and strengthen the communication between the departments and local standards, then reduce or avoid the market segmentation caused by sector interests and local interests. For the products which need to enter the national market, prior to formulate local standards, verify the other places of the same product standards firstly to avoid contradictions. Introducing the local standard mutual recognition system, the provincial local standard as long as it doesn't conflict with national standards and technical regulations, take into mutual recognition and mutual acceptance. In the international market, we should vigorously advances the standard strategy of foreign economic activities, actively encourage Chinese standard output. Encouraging the export in accordance with the standard of China, the design, construction of foreign investment and project contract according to Chinese standard. In foreign trade, investment, project contracting, appraisal and financial subsidy system introduced in "whether to drive China standard going out" option. In foreign aid, recognize and accept the Chinese standard of recipient countries, policy, funds and projects. Promoting the "China standard" and "China design", "Made in China" and the "Capital of China" fusing deeply, comprehensively promoting China's overall exports of products and services.

(2) Strategic policy of Standard competitive advantage

Implementing strategic standardization policy; strengthen the ability of standard leading market development, promoting the international competitive. Raising its standard policy to the same level of fiscal policy, monetary policy, industry planning economic regulation and control, strengthen its huge role in guiding industry and technology development. To choose the industry which has international competitive advantage and stronger externality, let them be the first to break through the standard bottleneck, promoting the standard system revision and internationalization, forming the solid foundation of going aboard of Chinese standard. Building the atmosphere of using Chinese standard in the domestic market and international market, setting up the national image of Chinese standard, let external people get to know, identity, to accept Chinese standards.

Improving the standardization systematic construction, improve the standard's whole industry chain covering ratio. In the revised standard system plan, arrange and encourage "the family of the standard" project in priority, around the advantage industries and advantage technology, establishing standards aims at the entire industry chain, establish strategic cooperative partnership between enterprises, formed the standard output "joint fleet", enter the international market together.

Promoting the ability of the internationalization Chinese standard. In the revise of specific standards, corresponds to the international standard possibly, uses the acceptable manner of international market, provides a wide range of international languages. Vigorously promoting domestic standardization professionals entering the international standardization organizations and platforms, effectively managing professional personnel of multinational corporations and international standardization organizations to participate in the activities of domestic standardization, building the channel of standard system revision of information transfer and communication at home and abroad.

Implementing the crowd strategy and occupying the international standard organization. Training and selecting standardized comprehensive professional talents, then recommending them into the international standardization organization of leadership positions. In the process of formulating international standards, China's image and sound of China in the international arena, will expand its impact in the international standard.

(3) Strategic maintenance policy of advantage of standard competition

Clearly the boundaries of foreign-funded enterprises take part in the standardization of China. The formulation and promulgation of compulsory standards need to limit even do not allow the intervention of foreign companies and multinational companies, allow multinational companies participate in the process of formulation of voluntary standards, but the participation form, scope and degree should specify correspondingly.

Building the government standardization management mode in the open condition. Coordinate the interests of the different stakeholders in the process of standards formulation, expand the standardization technology committee, the technical union, industry association, research institutions and other market forces the proportion in standard formulation and implementation, gives legal status to the association, alliance. Setting up the institutions such as China standardization international committee. Welcome multinational companies, international standardization organizations, foreign experts and other stakeholders participate in the league as normal tissues, correctly guide them state reasonable opinions and suggestions.

Setting up the standardization field national security supervision mechanism. In the national monitoring index system of export-oriented economy, set up standardized content. In the process of national standard examination, enlarge the scrutiny of foreign capital enterprise participate in the formulation of standard. In the national security supervision department, set up a standardized supervision mechanism, supervising the whole process of standardization.

Combine the formulation of standards with the security of industry. From the perspective of protecting domestic industry security, in the process of developing national standards, closely combined with the actual situation of foreign trade, constructing the technical barriers which is suitable for China's import and export situation.

目　录

CONTENTS

第1章

绪　　论

我国在从贸易大国向贸易投资大国转变的演进过程中，必然遭遇更多、更复杂的国际市场竞争。标准竞争已经逐渐超越传统的竞争方式，成为当前国际市场竞争的最主要形式，发展标准竞争优势是发展贸易投资大国的必然要求。

1.1　问题提出

标准竞争是社会生产力和市场发展的产物。在社会生产力水平不高、产品供不应求的阶段，市场竞争是在一个消费者需求得不到满足的环境下存在的，其焦点在于迅速形成、扩大生产能力，谁能最快扩大产能，供应市场，谁就能获得市场、赢得竞争。随着科学技术的发展和社会生产力水平的提高，产品供过于求逐渐成为市场经济的常态，消费者不再是需求得不到满足，而是要在具有相同功能或者类似功能的多种替代性产品之间进行选择，市场竞争的焦点转换成为如何能在众多产品中脱颖而出获得消费者的青睐。在这种环境下，能否提供差异化的产品就成为赢得竞争的关键，而价格、品牌、服务、技术等就成为重要的竞争手段。然而，随着科学技术的进一步发展，技术复杂程度和分工精细化程度不断提高，单个产品之间的差异化竞争逐步演变成所在行业的标准竞争，控制或影响标准的制修订及其实施成为市场竞争新的焦点。

所谓标准竞争，是指两种或两种以上的个体标准争夺市场标准地位的过程，它集中体现了一个国家或者一个地区的劳动、科技、资本、制度、人文等生产要素的综合实力。标准层面的竞争不仅直接决定着单个企业在市场竞争中的生死存亡,还在相当长时期内决定着这个国家(地区)的产业兴衰和产业安全,影响着这个国家(地区)的持续发展和竞争优势。当前各国在国际贸易和投资领域竞争的焦点也逐步从关税、配额、许可证、外汇管制、投资领域和方式的限制等传统的手段转向到制定国际标准、地区标准和国内标准主动权和控制权的争夺。美国、欧盟、日本、韩国等国家和地区纷纷推出国家标准化战略,结合各自的经济、技术情况制定出在国际市场进行标准竞争的详细部署。

在这样的大背景下,反思中国对外贸易与对外投资发展的过程,我们可以清晰地看到一个从无到有、从小到大、从弱到强的奋斗历程。但是,这个过程仍存在着许多的问题。从改革开放之初的如何扩大出口、如何更多地增加外汇收入、如何引进外商投资,到 20 世纪 90 年代的优化外贸体制、调整外贸结构、提高利用外资的质量,等等问题,都是相应发展阶段必须解决的问题。而近些年来,主要问题已不再是如何扩大贸易和投资的规模,而是在拥有巨大贸易和投资规模的时候,如何应对越来越多的对外贸易和对外投资摩擦,如何提升国际市场中利益分配的能力,如何由被动的游戏规则的接受者转变为规则的制定者,等等。这些已成为我国对外贸易和对外投资进一步发展不可避免的问题,也是我国在国际市场竞争中必须面对的问题。按照前面对市场竞争分析的逻辑,本书选择从标准竞争角度来分析这些问题,并试图提出一些有价值的看法。

1.1.1 中国成为贸易投资大国的演进过程

1. 中国成为对外贸易大国的演进过程

中国对外贸易的发展过程是一个举世瞩目的光辉历程,从 1979 年不足世界出口额的 1％发展到 2012 年的 11.1％,从 1979 年世界贸易的第 32 位发展到了第 2 位。但是,随着我国参与国际市场程度的加深,我们也越来越发现,我国虽然已经是一个"贸易大国",却还不是一个"贸易强国",或者说只是一个规模上的大国,在利益分配上缺乏足够的主动权,在国际规则上没有强有力的发言权,遭遇贸易摩擦的时候也不能完全自如应对。

(1)中国对外贸易发展的规模。

从 1978 年我国实行改革开放政策以来,对外贸易得到了迅速的发展。从表 1.1 可以看出,1978 年我国进出口额仅为 206.4 亿美元,而到了 2012 年,则达到了 38 667 亿美元,增长了 187 倍。1988 年我国进出口总额首次超过千亿美元大关,在 1999 年以后,则以每年千亿美元的增幅在快速增长,在 2004 年首次超过万亿美元大关,2007 年超过 2 万亿美元,2011 年超过了 3 万亿美元。虽然在 2000 年前后我国对外贸易的增长幅度有一些波动,甚至在 2009 年还出现了负增长,但 2000 年以来的 13 年中,只有两年是个位数增长,除 2009 年外,其他年份都是两位数增长,更有 7 年以超过 20% 的速度增长。考虑到我国对外贸易额的巨大基数,这种增幅引起了我国贸易伙伴国家和地区与全世界经济的高度关注。

表 1.1　1978 年以来进出口额和增长率

年份	进出口		出口		进口	
	金额 (亿美元)	增长率 (%)	金额 (亿美元)	增长率 (%)	金额 (亿美元)	增长率 (%)
1978	206.4	39.4	97.5	28.4	108.9	51.0
1979	293.3	42.0	136.6	40.2	156.8	43.9
1980	378.2	28.9	182.7	33.8	195.5	24.7
1981	440.2	16.4	220.1	20.4	220.2	12.6
1982	416.1	−5.5	223.2	1.4	192.9	−12.4
1983	436.2	4.8	222.3	−0.4	213.9	10.9
1984	535.5	22.8	261.4	17.6	274.1	28.1
1985	696.0	30.0	273.5	4.6	422.5	54.1
1986	738.5	6.1	309.4	13.1	429.1	1.6
1987	826.5	11.9	394.4	27.5	432.2	0.7
1988	1 027.8	24.4	475.2	20.5	552.7	27.9
1989	1 116.8	8.7	525.4	10.6	591.4	7.0
1990	1 154.4	3.4	620.9	18.2	533.5	−9.8
1991	1 357.0	17.6	719.1	15.8	637.9	19.6

续表

年份	进出口		出口		进口	
	金额（亿美元）	增长率（%）	金额（亿美元）	增长率（%）	金额（亿美元）	增长率（%）
1992	1 655.3	22.0	849.4	18.1	805.9	26.3
1993	1 957.0	18.2	917.4	8.0	1 039.6	29.0
1994	2 366.2	20.9	1 210.1	31.9	1 156.2	11.2
1995	2 808.6	18.7	1 487.8	23.0	1 320.8	14.2
1996	2 898.8	3.2	1 510.5	1.5	1 388.3	5.1
1997	3 251.6	12.2	1 827.9	21.0	1 423.7	2.5
1998	3 239.5	−0.4	1 837.1	0.5	1 402.4	−1.5
1999	3 606.3	11.3	1 949.3	6.1	1 657.0	18.2
2000	4 743.0	31.5	2 492.0	27.8	2 250.9	35.8
2001	5 096.5	7.5	2 661.1	6.8	2 435.5	8.2
2002	6 207.7	21.8	3 255.7	22.3	2 952.0	21.2
2003	8 512.1	37.1	4 383.7	34.6	4 128.4	39.9
2004	11 547.4	35.7	5 933.6	35.4	5 613.8	36.0
2005	14 221.2	23.2	7 620.0	28.4	6 601.2	17.6
2006	17 606.9	23.8	9 690.8	27.2	7 916.1	20.0
2007	21 738.3	23.5	12 180.2	25.7	9 558.2	20.8
2008	25 616.3	17.8	14 285.5	17.2	11 330.9	18.5
2009	22 072.2	−13.9	12 016.6	−15.6	10 055.6	−11.3
2010	29 727.6	34.6	15 779.3	31.3	13 948.3	38.7
2011	36 420.6	22.5	18 986.0	20.3	17 434.6	24.9
2012	38 667.6	6.2	20 489.3	7.9	18 178.3	4.3

资料来源：中华人民共和国海关、商务部统计数据。

（2）中国对外贸易方式和主体的变迁。

在我国对外贸易发展的过程中，对外贸易方式和参与贸易的主体发生了显著的变化，对我国对外贸易的发展产生了重要的影响。

① 对外贸易方式。按照国家商务部的统计分类，对外贸易分为一般贸易、加工贸易和其他贸易三类。从表 1.2 中的数据来看，一般贸易和加工贸易是我国进出口中的主体，而加工贸易比重的提高又是其中最显著的特征。在出口贸易中，"七五"时期加工贸易仅占 31.8％的比重，1996 年以后就持续超过了 50％。在进口贸易中，"七五"时期加工贸易的比重为 26.8％，1991 年以后就持续处于 40％左

右。从整体上来看,1996 年我国加工贸易额占进出口总额的比重首次超过 50%。"两头在外"的加工贸易的迅速发展,极大地推动了我国对外贸易的增长。不过,在 2000 年以后,由于国内和国际环境的变化,加工贸易的比重逐渐显示出下降的趋势。2008 年是个转折点,加工贸易的出口贸易首次跌破 50%,进口贸易也从 33.3% 一路走低。这说明一旦国际市场发生变化,我国基于劳动成本低廉的比较优势无法持续下去,这也在倒逼国内对外贸易必须寻求新的比较优势。

表1.2　我国对外贸易方式(%)

年份	出　口			进　口		
	一般贸易	加工贸易	其他贸易	一般贸易	加工贸易	其他贸易
"七五"时期	66.4	31.8	1.8	63.4	26.8	9.8
1991	53.0	45.1	1.9	46.3	39.2	14.5
1992	51.4	46.6	2.0	41.7	39.1	19.2
1993	47.1	48.2	4.7	36.6	35.0	28.4
1994	50.9	47.1	2.0	30.7	41.1	28.2
1995	48.0	49.5	2.5	32.8	44.2	23.0
1996	41.6	55.8	2.6	28.3	44.9	26.8
1997	42.7	54.5	2.8	27.4	49.3	23.3
1998	40.4	56.9	2.7	31.1	48.9	20.0
1999	40.6	56.9	2.5	40.5	44.4	15.1
2000	42.2	55.2	2.6	44.5	44.1	14.4
2001	42.1	55.4	2.5	46.6	38.6	14.8
2002	41.8	55.2	3.0	43.7	41.4	14.9
2003	41.5	55.2	3.3	45.5	39.5	15.0
2004	41.0	55.3	3.7	44.2	39.5	16.3
2005	41.3	54.7	4.0	42.4	41.5	16.1
2006	42.9	52.7	4.4	42.1	40.6	17.3
2007	44.2	50.7	5.1	44.9	38.5	16.6
2008	46.3	47.3	6.4	50.5	33.3	16.7
2009	44.0	48.8	7.2	53.0	32.0	15.0
2010	45.6	46.9	7.5	55.0	29.9	15.1
2011	48.3	44.0	7.7	57.8	26.9	12.3
2012	48.2	42.2	9.6	56.2	26.4	17.4

资料来源:根据《中国对外经济统计年鉴(2013)》数据计算。

② 对外贸易主体。在改革开放前,我国的对外贸易主要由国家垄断经营,这是与我国当时的计划经济体制的宏观背景相吻合的。改革开放之后,随着外贸经营权的逐步下放、外商投资企业的大量进入,参与我国对外贸易的经营主体越来越多元化,完全打破了只能由国有外资企业垄断经营的局面。在这个过程中,外资企业在我国对外贸易中的比重显著提高是一个非常重要的变化。在改革开放初期,外资企业在对外贸易中的影响几乎可以忽略不计,1980 年外资企业出口仅为 0.08 亿美元,进口仅为 0.3 亿美元,所占比重不过 0.1%。而进入 21 世纪以来,外资企业的进出口额已占到进出口总额的 50% 以上。而与此相对的是,国有外贸企业和其他外贸企业所占的比重则逐步下降了。这一方面说明我国通过引进外资提升了与国际市场对接的能力和程度,但另一方面也说明国内本土企业的国际竞争力比较弱,外资的进入掩盖了中国本土企业低效出口的事实。虽然从 2005 年、2006 年的峰值以后,外资企业因为国际市场恶劣的环境影响,在进出口中的比重呈现缓慢下降的趋势,但本土企业仍然没有显示出强劲增长的态势。

表 1.3　外资企业进出口额和比重(1980—2012 年)

年份	出口额(亿美元)	占总出口比重(%)	进口额(亿美元)	占总进口比重(%)
1980	0.08	0	0.3	0.1
1981	0.3	0.1	1.1	0.5
1982	0.5	0.2	2.7	1.4
1983	3.3	1.5	2.8	1.3
1984	0.7	0.3	3.9	1.4
1985	2.9	1.0	20.6	4.8
1986	5.8	1.8	24.3	5.6
1987	12.1	3.1	31.2	7.2
1988	24.5	5.1	57.4	10.4
1989	49.1	9.3	87.9	14.8
1990	78.1	12.5	123.1	23.1
1991	120.4	16.7	169.1	26.5
1992	173.6	20.4	263.8	32.7
1993	252.4	27.5	418.3	40.2
1994	347.1	28.7	529.3	45.8

续表

年份	出口额(亿美元)	占总出口比重(%)	进口额(亿美元)	占总进口比重(%)
1995	468.7	31.5	629.4	47.6
1996	615.1	40.7	756.0	54.4
1997	749.0	40.9	777.2	54.6
1998	809.6	44.1	767.2	54.7
1999	886.3	45.4	858.8	51.8
2000	1 194.4	47.9	1 172.2	52.1
2001	1 332.4	50.0	1 258.6	51.7
2002	1 699.4	52.2	1 602.9	54.3
2003	2 403.4	54.8	2 319.1	56.1
2004	3 386.1	57.1	3 245.7	57.8
2005	4 442.1	58.3	3 875.1	58.7
2006	5 638.3	58.2	4 726.2	59.7
2007	6 955.2	57.1	5 594.1	58.5
2008	7 904.9	55.3	6 194.2	54.6
2009	6 720.7	55.9	5 454.0	54.2
2010	8 622.2	54.6	7 383.8	52.9
2011	9 952.2	52.4	8 646.7	49.5
2012	10 738.4	52.4	9 018.5	49.6

资料来源:根据中华人民共和国海关、商务部统计数据计算。

2. 中国成为对外投资大国的演进过程

新中国成立以来,我国对外投资经历了一个曲折发展的过程(卢进勇,2012)。1949 年到 1978 年是初步发展阶段,为了开拓国际市场,一些内地专业外贸公司在巴黎、伦敦、汉堡、东京、纽约、香港、新加坡等城市设立了境外分支机构,但这个阶段的对外投资规模非常小,且大多在一些著名港口从事贸易活动。1979 年到 1985 年是进一步发展阶段,北京市友谊商业服务总公司、中国船舶工业总公司、中国租船公司、中国建筑总公司等分别在日本、中国香港、也门、荷兰等国家(地区)开设了一些境外机构,但仍然受政策的严格限制,对外投资的规模依然很小。1986 年到 1992 年,中国对外投资进入了加快发展阶段,参与海外投资的企业以及投资规模都实现了较快的发展,但在当时,吸引外资是整个涉外投资政策的重点,对外投资还受到比较多的政策限制。1993年到2000年这个期间,对外投资和整个国民经济一样,处于调整阶段,境外投资业务也被全面清理和整顿,对外投资的速度开始减缓。而从2001年开始,中国对外投资进入快速发展阶段,年均增长90％以上。截至2010年底,13 000多家中国投资者在全球178个国家和地区设立了16 000多家境外直接投资企业,投资金额累计达3 172.1亿美元,在世界投资主体中排名第八,落后于美国、法国、英国、德国、日本、俄罗斯和瑞典。2010年中国内地当年对外投资688.1亿美元,超过日本和俄罗斯,排名世界第五,仅落后于美国、德国、法国和中国香港。中国内地的跨国公司也随着对外投资的增长,由少到多,由弱到强,逐步成长为世界经济中一支不可轻易忽视的力量。可以说,中国已成为名符其实的对外投资大国。

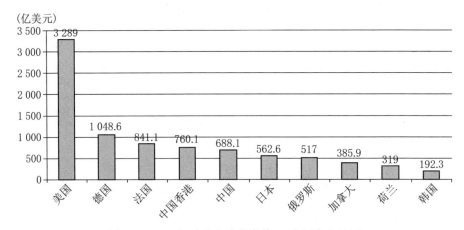

图1.1 2010年对外直接投资前10名国家和地区

（1）对外直接投资规模。

从历年数据来看,中国的对外直接投资整体上都保持了一个良好的增长势头,除了2003年和2009年的个位数增速之外,其他年份都以较高的速度增长,尤其是2005年和2008年,增速分别达到了惊人的122.9％和110.9％。在2010年、2011年、2012年中,我国企业更是抓住国际市场金融动荡的机遇大举进攻,逆势而行,大量收购兼并,取得了很好的投资成果。

表 1.4　中国对外直接投资流量与增速(2002—2012 年)

年份	流量(亿美元)	增长率(%)
2002	27.0	—
2003	28.5	5.5
2004	55.0	92.9
2005	122.6	122.9
2006	211.6	72.6
2007	265.1	25.3
2008	559.1	110.9
2009	565.3	1.1
2010	688.1	21.7
2011	746.5	8.5
2012	878	17.6

(2) 对外直接投资结构。

① 对外投资地区结构。截至 2010 年底,中国对外投资分散于全球 178 个国家(地区),占全球国家(地区)总数的 72.7%,但从金额来看,投资的区域分布比较集中,主要分布于亚洲和拉丁美洲,两个地区集中了整个中国对外投资存量(OFDI)的 85.7%,其他几个区域所占比例都较小。

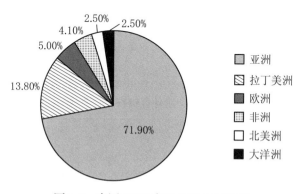

图 1.2　中国 OFDI 存量地区分布比例

② 对外投资主体结构。中国对外直接投资的主体比较丰富,2010 年底已达

到 13 000 多家。其中,国有企业所占比重最大,有限责任公司次之,私人企业的比重不是很大。值得关注的是,外资企业和港澳台企业也出现在其中。截至 2010 年底,国有企业的比重达到绝对多数的 66.2%,私人企业所占比重只有 1.5%,外资企业和港澳台企业的比重分别是 0.7% 和 0.8%。

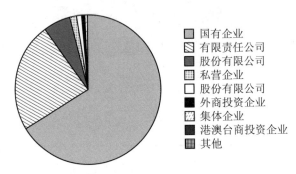

国有企业
有限责任公司
股份有限公司
私营企业
股份有限公司
外商投资企业
集体企业
港澳台商投资企业
其他

注:按境内投资者注册类型进行统计,时间为截至 2010 年底。

图 1.3 中国 OFDI 投资主体结构

③ 对外投资行业结构。根据企业数量显示出的境外企业的行业分布情况来看,中国对外直接投资的行业分布涉及 15 个行业,相对集中于制造业、批发和零售业两个行业,所占比重超过 50%;在其余 13 个行业中,除了建筑业的比重超过了 10%,其他的都不足 10%。这个比例和各行业投资金额比重形成了一个对比。从投资金额来看,制造业的投资额为 178 亿美元,占比仅为 5.6%,但其企业数量达到4 600 家,高居第一位,单个企业平均投资额只有 387 万美元,投资规模比较小。

表 1.5 中国对外直接投资行业分布

行业类别	投资金额(亿美元)	比重(%)	境外企业数量(家)	比重(%)
租赁和商务服务业	972.5	30.7	2 059	12.8
金融业	552.5	17.4	165	1.0
采矿业	446.6	14.1	996	6.2
批发和零售业	420.1	13.2	3 767	23.4

续表

行业类别	投资金额 (亿美元)	比重 (%)	境外企业数量 (家)	比重 (%)
交通运输、仓储和邮政业	231.9	7.3	607	3.8
制造业	178.0	5.6	4 600	28.6
信息传输、计算机服务和软件业	84.1	2.7	357	2.2
房地产业	72.7	2.3	202	1.2
建筑业	61.7	1.9	1 049	6.5
科学研究、技术服务和地质勘查业	39.7	1.3	628	3.9
电力、煤气及水的生产和供应业	34.1	1.1	120	0.7
居民服务和其他服务业	32.3	1	429	2.7
农、林、牧、渔业	26.1	0.8	768	4.8
住宿、餐饮业	4.5	0.1	170	1.0
其他	15.3	0.5	189	1.2
合计	3 172.1	100.0	16 107	100.0

根据以上数据,与对外贸易一样,我国的对外投资已达到一定的规模,可称之为"对外投资大国",但也不能称之为"对外投资强国"。首先,从投资规模上看,虽然整体规模已排名世界第五,但单个项目投资规模很小,单个企业海外投资的竞争力不强。其次,从投资区域上看,大多集中在与中国市场结构和发展特征接近的亚洲和拉丁美洲,真正进入欧洲和北美发达国家市场的投资不多。也就是说,真正到发达国家市场直接参与最强竞争的比重不大。按照刘建丽(2009)的判断,中国的企业进入发达国家,主要目的在于寻求合资或并购的机会,以提升自身的技术水平,借助当地企业成熟的市场网络逐步渗透到当地的高端市场;而进入欠发达地区,则是利用当地比中国更便宜的劳动力成本优势,获取更大的规模经济效应。再者,从对外投资主体上看,2/3 以上是大型国有企业。虽然这种投资主体结构有助于我国企业在对外投资中充分利用国家层面的政策支持和制度优势(杨清,2009),但能否在国际市场竞争中形成持续竞争力并赢得最后的胜利则是一个未知数。事实上,在中国对外投资中,华为、联想、三一等民营企业表现出的国际竞争力似乎更为明显。第四,从微观上看,对外投资企业自身战略上也存在一些缺陷,缺乏能够适应全球发展的对外投资战略、管理机构、责任理念,以及在高风

险地区投资的风险管控经验。相对于发达国家 200 多年的跨国经营的丰富经验和悠久历史,中国企业的跨国经营还只有三四十年的历史,可以说基本上还处于对外投资的初级阶段(王志乐,2012)。

1.1.2 中国成为贸易投资大国过程中的两个问题

1. 中国为什么能成为贸易投资大国

针对中国为什么能成为对外贸易和对外投资大国这个问题,比较多的文献集中关注了对外贸易大国这个部分,提出了很多的理论来解释中国对外贸易迅速发展的原因,包括国民收入、贸易成本、国际直接投资、纵向专业化和厂商行为,等等(杨海余,2007)。而从 20 世纪 90 年代初以来,我国已从一个贸易大国、引资大国逐渐转变成贸易投资大国,中国的贸易大国地位以及如何从贸易大国向贸易强国转变就一直是学者和政府关注的焦点之一(魏浩、毛日昇,2003;陈飞翔、吴琅,2006;兰宜生,2007)。尽管直到最近都有学者研究这个问题,但似乎已经相对低调,而更多地关注从贸易大国向贸易投资大国转变的问题。因为对外贸易只是世界市场不完全竞争时替代生产要素流动、实现资源合理配置和有效利用的次佳方法,随着国际分工格局、要素禀赋结构的巨大变化,以生产资本流动为主要形式的对外直接投资必然会出现(张二震、马野青、方勇等,2004)。从贸易大国走向投资大国,从商品输出走向资本输出,是对外经济转型升级的普遍经验和客观规律(陈德铭,2010)。

对于对外投资大国的研究,首先更多关注的是中国作为一个发展中国家,在企业不具备技术、管理、品牌等垄断优势的条件下,为什么能从一个引资大国发展为世界排名第五的投资大国。包括垄断优势论(Hymer,1960)、内部化理论(Buckley and Casson,1976)、国际生产折中论(Dunning,1977)等在内的传统外商直接投资(FDI)理论,只是解释了发达国家之间跨国公司基于垄断优势、内部化优势和区位优势的相互投资行为,显然无法解释不具备这些优势的发展中国家的对外投资。后来 Kojima(1978)边际产业转移论关注的日本公司的对外投资,虽然相对于欧美跨国公司不具有明显的企业垄断优势或者内部化优势,但只是侧重于解释日本企业在东亚的产业转移所形成的"雁行分工",接近于 Dunning 所强调的区位优势。

随着发展中国家对外直接投资的扩大,Wells(1983)提出小规模技术理论、Lall(1983)提出技术地方化理论、Chen(1990)的二阶段技术转移模型、Cantell(1991)的技术积累理论解释了发展中国家企业通过对外投资参与国际生产和经营的可能。Cantwell 和 Tolentino(1987)从技术变动角度认为,各发展中国家 FDI 遵循的是一个随时间变化的发展过程,并且投资的产业构成与地区分布的变化是密切相关的。Bair(2005)从经济社会学的角度、Mudambi(2008)从经济地理学的角度、Levy(2008)从政治经济学的角度、Ramamurti 和 Singh(2009)从国际经济学的角度分别对发展中国家企业通过全球网络和全球价值链进行对外直接投资进行了分析。Mathews(2006)提出了一个 LLL 分析框架,认为作为后来者的发展中国家,跨国公司通过外部资源联系、杠杆效应和学习在对外直接投资过程中获得新的竞争优势。

对于中国企业的对外直接投资所处阶段,不少学者基于 Dunning(1996)的投资发展路径理论,实证检验我国仍然处于投资发展的第二阶段(刘红忠,2001;高敏学、李颖俊,2004;邱立成、于李娜,2005;薛求知、朱吉庆,2007),与经济增长不对称,存在着滞后效应;也有学者认为处于第二阶段向第三阶段发展过程中(姚永华、苏佳丽、陈飞翔,2006;李辉,2007;梁军、谢康,2008),对外投资速度加快。

针对中国企业的对外直接投资快速发展的原因,冼国明、杨锐(1998)基于 Dunning(1993)附加策略变量的动态 OIL 模型,构建了学习型 FDI 模型和策略竞争性 FDI 模型,将发展中国家对发达国家的逆向投资和对其他发展中国家的交叉投资在同一个分析框架里进行解释,并强调了政府的介入增强了发展中国家以 FDI 为竞争策略的作用和效果。Child 和 Rodrigues(2005)对中国市场寻求型企业国际化模式与动机的案例研究显示,这些企业通过并购等方式进行国际化扩张,其对外直接投资是为了获得技术和品牌等战略资产,从而在国际市场中建立竞争优势。欧阳峣(2006)基于中国经济发展中的"转型"和"多元"的特点提出"大国综合优势",强调我国资源分布和经济发展程度的不平衡性对对外投资战略的影响。Luo和Tung(2007)认为来自新兴市场的跨国公司将FDI作为跳板来获得战略资产,并减少在国内遇到的制度和市场方面的制约。裴长洪、樊瑛(2010)以"国家特定优势"来解释,强调政府强有力的引导和支持弥补了中国企业的垄断竞争劣势,而将中国企业正在和即将形成的微观竞争优势转化成综合竞争优势。王跃生、陶涛(2010)将发展中国家利用大国效应和发展不平衡带来的超前优势等进行对外直接投资的模式称做"后发大国模式",认为这将可能是一条不同以往的对外投资模式。

在中国对外投资的影响方面,杨大楷、李增春、杨晔(2006)比较早地关注了中国企业对外投资的宏观效应、产业组织效应。冯春晓(2009)发现我国制造业对外直接投资与其产业结构优化存在正相关关系,但与产业结构的合理化关系比较微弱,因而要注重对外直接投资的"质量",适当拓展制造业、高技术行业的对外直接投资。项本武(2009)通过检验2000—2006年我国对50个国家和地区直接投资和进出口的数据,发现我国对外投资对进出口有相当大的拉动作用。杜凯、周勤(2010)的研究显示,中国对外直接投资表现出显著的"诱发"特征,具有跨越贸易壁垒的功能。仲鑫、马光明(2010)以20世纪80年代日美贸易失衡为例,实证检验发现对外直接投资缓解贸易失衡具有显著作用。

以上这些文献从多方面关注了中国发展对外贸易和对外投资的主要因素,但少有从标准竞争的角度来进行阐述的。尽管理论与实务界对标准竞争在国际市场中的重要作用都有高度的认识,但将标准与对外贸易投资发展直接联系起来,考察其形成优势的机制,还不是很多。这显然与标准在国际贸易与国际投资中越来越大的作用和影响极不相称。

2. 怎样获得更多利益分配

从对外贸易的发展速度和规模上来看,我国已经是一个毫无疑义的"贸易大国",但却还不是一个"贸易强国"。与美国、日本、法国、德国、英国等世界公认的贸易强国相比,还存在着很大的差距,有着很多的问题。

（1）贸易条件恶化。

我国对外贸易条件处于不断恶化的状态，大量的中国产品出口换回少量的外国产品进口。导致这种状况出现的原因主要有：①中国出口的产品大都以低附加值的劳动密集型产品为主，这些产品大部分已进入产品成熟期，市场上供大于求，这势必导致激烈的竞争。②中国出口产品大多处于价值链的低端。著名经济学家郎咸平经常讲的一个案例——"芭比娃娃"，其在中国生产制造，经过产品设计、原料采购、仓储运输、订单处理、批发经营、终端零售这六个环节，在国外进行销售。整个过程创造了 10 美元的价值，但中国制造只获得了 1 美元。③中国出口企业在国际市场竞争中主要采取的是价格竞争手段，盲目出口，竞相压价，增量不增利，甚至出现"贫困化增长"的现象。如 2004 年，中国出口录、放像机，数量增长 37.9%，但出口金额仅增长 24.9%；女式胸衣单价从 1.22 美元降低到 0.88 美元；一些机电产品，如汽车和汽车底盘，出口量增长 209.3%，但出口值只增长了 86.9%。

（2）缺乏核心竞争力。

在创新技术和创新产品层出不穷的今天，具有自主知识产权技术与品牌是商品核心竞争力的两个决定因素。而中国出口产品恰恰缺乏这两个因素，一是缺乏具有自主知识产权的核心技术，二是缺乏全球市场认可的世界品牌，这是制约我国成为贸易强国的重要因素。这种情况的出现，与我国进出口大量以外资企业为主体、以加工贸易的方式来完成密切相关。在我国的高新技术产品出口中，80%以上来自外资企业，90%以上以加工贸易的方式完成。大多数的关键技术控制在外资企业手中，如通信、半导体、生物、医药、计算机等高新技术，外国公司获得授权的专利达到 60%—90%以上；在机电产品出口量最大的三项产品中，104 项彩电关键技术中国只掌握了 60%，65 项手机关键技术只掌握了 50%，57 项 DVD 关键技术只掌握了 15.8%。

（3）国际贸易规则的接受者。

虽然我国已经成为世界贸易组织（WTO）正式成员，并积极参加其组织的会议和活动，同时也非常积极地组织和参与亚太经济合作组织（APEC）、上海合作者组织、东盟"10＋3"等区域性政治经济组织的活动，还设立了一个旨在扩大我国国际交往的"博鳌亚洲论坛",但我国对国际贸易规则制定的影响力还是非常小,更多的时候只是一个国际贸易规则被动的学习者和接受者。这导致诸多国际贸易规则不能充分反映我国的利益,甚至遭受很多不公平的待遇。针对我国不断增长的反倾销、反补贴、特保措施、技术性贸易壁垒,等等贸易摩擦,就由于其中存在的诸多对中国不公平的规定,而使得我国常常处于不利的被动局面。

在中国对外直接投资迅速发展的过程中,是否也会存在对外贸易发展中的"大而不强"的问题?或者说,如何在这个过程中获取更多的利益分配?针对这个问题,有贸易结构(陈飞翔、吴琅,2006;兰宜生,2007)、贸易摩擦(冯宗宪、柯大钢,2000;张海东,2004)和国际价值链(李海舰、原磊,2005;Humphrey,2007;Nadvi,2008)等角度的解释。加强标准化建设,被认为是应对贸易摩擦、提升国际价值链地位、强化利益分配能力的重要途径(张辉,2007;刘志彪、张杰,2007)。因为标准产生反竞争效应,导致垄断优势(Blind,2000);减少交易成本,提供有利的市场运行环境(Atkins,1998;金雪军,2006);规范产品流程,增强产业竞争优势(Poter,1990;Swann and Temple,1995);提升出口产品质量和竞争力(Ronnen,1991;WTO,2005)。Swann(1996)、Moenius(1999)、Blind(2000)在实证上给予了积极的支持。这些研究为本项目从标准竞争角度来考察对外贸易与对外投资提供了很好的启发。

1.1.3 标准的国际竞争已成为焦点

事实上,由于标准在市场中的巨大影响力,标准已经从传统的提高产品质量、生产效率、缓和信息不对称等方面的作用,演变成产业竞争战略和国家(地区)之间的竞争战略,标准竞争已成为当前国际竞争的焦点,它对企业成长、产业兴衰和国家利益都产生重大影响(Katz and Shapiro,1985;Farrell and Katz,2000;熊红星,2006;毛蕴诗,2008)。世界贸易组织2005年的年度报告《贸易、标准与WTO》集中体现了世界市场对标准竞争的高度关注。标准已经成为国际贸易规则的重要组成部分。《世界贸易组织技术性贸易壁垒协议》(WTO/TBT协议)允许各成员方为保障产品质量、保障国家安全、保护人类健康、动植物的生命和健康、保护环境、防止欺诈等目标而制定和实施技术法规、标准和合格评定程序;《世界贸易组织实施卫生与植物卫生措施协定》(WTO/SPS 协议)允许各成员方为保护人类和动植物的生命和健康而制定动物卫生、植物卫生与食品安全措施。但 WTO/TBT 协议和 WTO/SPS 协议规定这些措施不得构成对情形相同的成员之间任意的和不合理的歧视,也不得构成对国际贸易的变相限制,旨在达到合理的保护与便利贸易之间的平衡。

20 世纪 80 年代,欧盟制定实施了"控制型"的国际标准竞争战略,通过将本地区标准上升为国际标准而形成国际竞争优势,获得了巨大的成功。随后,美国于 2000 年推出了"控制、争夺型"国际标准竞争战略;2001 年,日本制定了"争夺型"国际标准竞争战略。另外,一些新兴工业国家,如韩国,也相继研究制定出了"追赶、跨越型"的国际标准竞争战略,以争夺国际标准竞争中更多的主动权和发言权。

表 1.6　欧美日韩等国的标准化战略

国家(地区)	战略类型	竞争策略	竞争重点
欧　盟	控制型	利用一国一票制的国际标准制定机制,发挥 25 个联盟成员作用	
美　国	控制、争夺型	促使国际标准反映美国技术	健康、安全、环境、高技术
日　本	争夺型	争取与欧美并驾齐驱的国际地位	健康、环境、消费者和弱势群体、制造业、信息技术
韩　国	追赶、跨越型	争取发言权、参与权	

资料来源:根据中国标准化协会编著《标准化科学技术学科发展报告》第 121 页表 1 和第 122 页表 2 整理而成。

标准也已经成为各国技术性贸易措施的主要技术依据。在国际竞争过程中,披着安全与健康等合法外衣的各种技术法规、标准和合格评定程序越来越多地扮演着贸易壁垒的角色,成为其他国家商品进入某国市场的障碍。据统计,在 20 世纪 70 年代,国际贸易中的技术性贸易措施约占非关税壁垒的 10%—30%;到了 20 世纪 90 年代末,这一比例就上升到了 45%左右(宋明顺,2002)。从 WTO 成员的技术性贸易壁垒通报数据也可以看出这一趋势。自 1995 年 WTO/TBT 协议生效以来,到 2010 年 12 月 31 日止,WTO 成员提交了 14 234 件技术性贸易壁垒通报。

表 1.7 1995—2010 年 WTO 成员通报的技术性贸易壁垒

	1995 年	1996 年	1997 年	1998 年	1999 年	2000 年	2001 年	2002 年
数量	365	460	794	648	669	661	538	581
	2003 年	2004 年	2005 年	2006 年	2007 年	2008 年	2009 年	2010 年
数量	794	638	771	875	1 209	1 532	1 890	1 859

资料来源:作者根据 www.wto.org 数据整理。

我国因为技术水平、认识和战略等问题,在国际标准竞争上处于相对不利的状态(毛丰付,2007)。DVD 标准引起的巨额专利费、WAPI 竞争失利等事件加强了国内对这种不利状态的认识(朱允未、易开刚,2005)。然而,巨大的国内市场和越来越强的技术创新能力为我国提供了获得标准竞争优势的前提条件(OECD,2008),TD-SCDMA、IGRS 等提供了成功的实例(唐晓华、杨灵,2009;薛卫,2008;谭劲松、林润辉,2006)。

1.2 研究意义

经济发展水平和技术发展水平是标准竞争的决定性因素,也是一个国家(地区)运用标准战略来扩大国际市场、保护本国市场的决定性因素。因此,比较而言,发达国家国内产业和技术发展水平,乃至公共服务水平都相对比较高,国内的标准(包括技术标准、技术法规和合格评定程序)的要求也相对比较高,在国际竞争中处于有利地位。而标准的竞争就是市场主导地位的竞争,对于相对处于落后地位的发展中国家而言,如何在这样的情势下取得基于标准竞争的对外贸易与对外投资优势,对我国的国内经济和对外经济发展都是严峻的考验。

我国在从贸易大国向贸易投资大国转变的演进过程中,必然遭遇更多、更复杂的国际市场竞争。而标准竞争已经逐渐超越传统的竞争方式,成为当前国际市场竞争的最主要形式。因此,发展标准竞争优势是发展贸易投资大国的必然要求。虽然 TD-SCDMA、IGRS 等案例说明我国存在着标准竞争优势,并且具有将标准竞争优势发展成为贸易投资优势的条件,但现在这种优势没有充分发挥出来。基于此,本书建立理论模型阐述标准竞争优势对国际贸易和投资的作用机制,探索标准竞争优势的形成机制,提出充分发挥标准竞争优势、推动贸易投资大国健康发展的政策建议。

从理论上来看,本研究在对外贸易与投资中提出标准竞争优势的概念,丰富了国际贸易和投资的相关理论,将比较优势和竞争优势从标准竞争的角度具体化,并且提出了基于标准竞争优势的贸易投资大国发展模式,构成新的理论视角。从实践上看,本研究将贸易、投资和标准化的实践有机结合起来,强调了贸易、投资的标准竞争优势策略与措施,以及国际标准竞争的贸易投资视角,对具体的实践操作都有一定的政策指导意义。

1.3　文献回顾

1.3.1　贸易投资大国文献回顾

在我国从贸易大国向贸易投资大国转变过程中,投资垄断优势缺乏、贸易利益分配能力不足这两个问题一直是讨论的重点(陈德铭,2010;张二震、马野青等,2004)。

针对第一个问题,刘红忠(2001),邱立成、于李娜(2005),薛求知、朱吉庆

(2007)认为基于我国处于 Dunning(1996)投资发展路径中的第二阶段,不具有垄断优势;Child 和 Rodrigues(2005)以及 Luo 和 Tung(2007)认为中国对外投资是为了在国际市场中获得战略资产,建立竞争优势,而非利用垄断优势。裴长洪、樊瑛(2010)和王跃生、陶涛(2010)发展了"国家特定优势"、"后发大国模式"来替代垄断优势,强调政府力量、大国效应和发展不平衡带来的超前优势弥补了中国企业的垄断竞争劣势。

针对第二个问题,有贸易结构(陈飞翔、吴琅,2006;兰宜生,2007)、贸易摩擦(冯宗宪、柯大钢,2000;张海东,2004)和国际价值链(李海舰、原磊,2005;Humphrey,2007;Nadvi,2008)等角度的解释。加强标准化建设,被认为是应对贸易摩擦、提升国际价值链地位、强化利益分配能力的重要途径(张辉,2007;刘志彪、张杰,2007)。因为标准产生反竞争效应,导致垄断优势(Blind,2000);减少交易成本,提供有利的市场运行环境(Atkins,1998;金雪军,2006);规范产品流程,增强产业竞争优势(Poter,1990;Swann and Temple,1995);提升出口产品质量和竞争力(Ronnen,1991;WTO,2005)。Swann(1996)、Moenius(1999)、Blind(2000)在实证上给予了积极的支持。

1.3.2　国际贸易与标准化文献回顾

从理论上看,标准在国际贸易中的作用主要表现为协调、促进、保护和仲裁(刘春青等,2007;吴林海,2004)。从实证结果来看,标准对国际贸易的作用有促进和限制两个可能的作用。

1. 标准对国际贸易的促进作用

这种观点认为标准化能积极地促进进口和出口,因为国际标准的存在能消除技术性贸易壁垒减少交易成本从而有利于国际市场的运行(Link,1983;Atkins,1998)。Swann(1996)以英国为例分析了国内标准和国际标准对本国贸易的影响。他选取了英国和德国 1985—1991 年间 83 个行业中数据,对英国进出口和英国采纳的国内和国际标准数量之间的相关性进行了分析。得到的结果为,英国的国内标准有同时增加进口和出口的趋势,而英国采纳的国际标准对进出口的影响较小。他认为,特殊的英国标准不对称地增加了国内企业成本,带来了低成本的进口,使得英国国内标准促进了进出口贸易的发展,而国际标准减少了产品多样化,阻碍作用抵消了基于经济规模的贸易促进效应。Moenius(1999)运用引力模型分析了 1980—1995 年年间 12 个国家的 471 个行业的技术标准与双边贸易额之间的相关性。研究发现,共享标准与贸易额有显著的正向关系,共享标准每增加 1%,贸易额增长 0.32%;进口国家单边标准也会在很小程度上增加进口,出口国家单边标准对进口额有很强的正向作用,弹性大约为 0.27。这支持了这样的观点:出口国家单边标准为进口国提供了产品质量和可靠性的信号显示机制。

标准化促进国际贸易发展的路径主要是:

(1) 降低交易成本,提高国际贸易效率。国际标准的存在能消除技术性贸易壁垒,提高产品在国际市场的兼容性,减少交易成本,有利于国际市场的运行,从而积极地促进产品的进口和出口。Blind(2000)以德国、澳大利亚和瑞士的双边贸易实证检验了标准的贸易促进效应。Swann(1996)研究了英国 83 个生产部门贸易运行情况与英国国家标准数量之间的关系,发现通过允许产品零部件更大程度的兼容性,国际标准能够促进产业内贸易。金雪军(2006)认为技术法规和标准通过提高产品质量、保护消费者利益、促进沟通和理解、保证人类安全、健康和保护环境等促进了国际贸易的发展。

(2) 提高竞争优势,增强出口竞争能力。Poter(1990)认为政府可以通过规范产品流程标准影响需求条件,从而为产业带来竞争优势。Swann 和 Temple(1995)也同意标准提高出口产品竞争优势的观点,并认为国内标准对贸易的促进作用大于国际标准。Ronnen(1991)的研究也表明,最低质量标准不仅有助于提升出口产品质量,也能提升出口竞争力。程鉴冰(2008)的研究表明国内纺织品最低质量标准政府规制 GB18401 对纺织品出口具有显著的促进作用。

(3) 作为国际贸易仲裁的依据,解决国际贸易争端与摩擦。中国标准化研究院(2007)用了我国两个事例说明,如果贸易双方在商品质量、性能、规格等问题上产生争议,可利用相关标准规定的试验、检验、抽样等方法进行符合性测试,并依据共同商定的标准进行仲裁。

当然，由于发达国家和发展中国家在技术水平上的差异，标准化促进国际贸易的作用是不一样的。为此，Stephenson(1997)和Wilson(1999)还特别研究了与发展中国家有关的标准与贸易问题。前者认为发展中国家最好采纳现有的国际标准，或者是主要贸易伙伴市场上使用的标准，而不是制定自己的本地标准；后者认为需要对发展中国家进行标准制度建设和技术上的援助。

2. 标准对国际贸易的限制作用

标准对国际贸易的限制观点，一是直接从标准的角度进行研究，认为地方特点明显的国家标准会增加进口的障碍，使出口国家产品在国际市场的适应能力下降，从而减少贸易量(David and Shaimen, 1996; Stern, 1997; Tanabe, 1997)，而国际标准则使产品多样性减少引起贸易下降，并抵消规模经济带来的贸易增长。Fisher和Serra(2000)专门研究了标准的贸易保护效果，认为政府制定的最小标准即使表面非歧视，也是具有贸易保护性质的。而专利"俘获"标准导致市场垄断对国际贸易的阻碍也是当前标准化领域的一个研究重点(张平、马骁，2005；安佰生，2005)。最小质量标准经常被当作一种促进本国福利的贸易限制措施进行研究，但有的文献并不完全同意这种观点。Das(1987，1989)考察了产品从一个垄断供应商处进口时关税、配额和最小标准对于进口产品质量的影响，研究了一个包括一个国内企业和一个国外企业的双寡头竞争的案例，得到的结论是最小质量标准提高了产品的质量但是减少了国内企业的利润，而国外企业的利润却增加了。Boom(1985)构建了一个纵向产品差异化的双寡头模型，每个企业位于一个国家中，而且只能生产一种质量的产品。因此，每个国家所强加的质量标准会改变所有企业的决策，像所有有关纵向产品差异化的研究一样，质量的提高会增加消费者的效用，如果一个国家提高了它的最小质量标准，且所有的企业连续供应所有的市场，那么产品质量会提高，价格会下降，从而消费者受益。

二是从技术性贸易壁垒的角度进行研究。各国之间标准的差异构成了国际贸易中的技术性贸易壁垒(TBT)，而技术性贸易壁垒已经成为现实中最重要的贸易壁垒之一。美国国际贸易委员会曾调查发现与"标准"相关的成本是非常严重的贸易壁垒。Fischer、Serra 和 Boom(1995)在 Krugman 古诺市场结构理论的基础上,用双寡头理论构建了一个模型,证明 TBT 确实具有排挤国外厂商出口供给的作用。在实证研究方面,Orden(1996)、Krissoff(1997)、OECD(1999)、Otsuki(2000)等分别考察了美国对墨西哥水果鳄梨的进口禁令、美国苹果的 TBT、欧盟黄曲霉素标准等的贸易效应,Paarburg 和 Lee(1998)运用庇古税的思想,对牛肉国际贸易中海绵状脑病外部性风险进行了货币化衡量,认为技术性壁垒会提高贸易风险,或者使实际关税变得很高。冯宗宪、柯大钢(2000)是国内较早对技术壁垒、环境壁垒进行理论和实证模拟的。张海东(2004)理论上分析了技术性贸易壁垒与中国对外贸易的关系。孙东升(2006)运用引力模型检验了技术性贸易壁垒对我国农产品出口的限制作用。周华、王卉、严科杰(2007)通过调查基于价格楔研究了欧盟 RoHS 指令对上海市机电产业的影响,发现欧盟 RoHS 指令对上海市机电产业构成了严重的贸易壁垒。这些实证分析大多采用引力模型、成本函数、CGE 模型等方法,并集中在贸易流量、成本和福利影响几个方面。

1.3.3 国际投资与标准化文献回顾

虽然在标准在国际投资领域的影响越来越大,但相关研究却比较少,主要集中在劳工标准、社会责任标准等方面。

这种情况和国内的竞争并无显著的区别。在国内,技术的领先者总是想用既定的标准来垄断整个市场,而技术的跟随者则寻求合作。但是,在国际层面上,各国政府总是倾向于帮助它们自己的企业去和外国企业竞争,这样国家标准就变成了一个有效的工具来排斥外来企业并使得国内企业具有竞争优势。虽然 WTO 严格的限制各国政府制定和国际标准不匹配的国家标准,但是各国政府依然可以在关乎国家安全的领域有所作为。同时,由于标准制定是种多边行为,国际标准的制定经常非常缓慢,这就使得各国政府可以在国际共识没有确立时帮助它们自己的企业。企业同时也可以积极的利用国际标准来占领整个全球市场。例如,相对于日本的公司,美国的科技公司在 20 世纪 80 年代失去了在制造领域的优势,于是它们就在发展和控制标准和程序方面建立自己的竞争优势,把制造业让给其他国家。于是,西方的公司不但享受到了各种技术标准中的专利收益,还享受了低成本的制造产品(Borrus and Zysman,1997;Jeffrey and Kim,2002)。这方面著名的例子就是中国的 DVD 行业,一群美、欧、日公司由于控制了 DVD 的专利而获得了三分之一的零售额作为专利税(Linden,2004)。高专利税导致中国企业根本没有收益,结果全行业破产。

Humphrey 和 Schmitz(2002)总结了全球价值链治理模式下发展中国家实现产业升级的四类主要影响因素,这些因素当中或多或少的会有标准参与的身影,一类是市场准入,这是标准的明显一个经济作用,只有符合标准才能进入生产体系,只有符合标准才能进入流通领域,等等,标准就是发展中国家企业在价值链中从事生产活动的重要门槛;二是快速提升生产能力,价值链中的领导企业对供应商的生产成本、产品质量、交货时间等要求苛刻,但同时也会提供技术,监督生产过程,等等,这种压力和帮助的结合使发展中国家的供应商能迅速提高生产能力(Schmitz,1995),标准通过"干中学"、技术外溢等途径提高了发展中国家企业获得技术的能力;三是利润分配,价值链中无形资源(研发、设计、品牌和营销等)环节进入壁垒高、利润丰厚,但发展中国家往往在融入价值链过程中被锁定在进入壁垒低、利润低、竞争激烈的生产环节中,形成了利润分配向发达国家大力倾斜的局面;四是政策制定,发达国家领导企业受到本国政府和非政府组织制定的政策、标准等限制,在其进行价值链的治理过程中将这些政策、标准强加到发展中国家的供应商或生产商身上,迫使他们接受这些政策或标准,从而影响到发展中国家的企业向价值链攀升时必须考虑这些因素。Knalid Nadvi(2008)就指出标准尤其是全球标准对发展中国家的企业进入全球化生产网络的重要性,如果这些企业没有达到标准要求,就有可能被排除在利润市场之外,而标准又影响到全球价值链上对治理关系的选择,因此,标准已是影响全球价值链治理中的重要因素。

其他的一些相关研究表明标准发展可能限制创新投资,主要体现在对投资方向和领域的限制。由于既定标准的转换成本和网络外部性的存在,厂商会尽量延长当前技术的生命周期,从而抑制下一个技术周期的创新投资(Gregory,2000)。

同时,标准的形成过程就是对技术的多样性进行约束的过程,一旦其中一项技术被确定为标准后,其他的技术将会被投资者放弃,因为投资者只会选择拥有市场基础和前景的技术进行投资。这两方面都将导致标准成为创新投资的障碍。Katz和Shaprio(1986)指出网络效应的出现可能导致技术的过渡标准化,Farrell和Saloner(1886)建立的一个模型指出由于安装基础引起的"过渡惯性",新技术即使优于现存的技术也有不被采用的可能性。

现有文献和研究已经充分注意到标准竞争对国际贸易和投资的影响,但存在几个方面的不足:一是多为具体案例或地区、国家的分析,相对缺乏更加抽象的理论总结;二是多为标准在国际贸易领域的研究,相对缺乏标准在国际投资领域的研究;三是多为单一的政策建议,相对缺乏政策措施实施条件的研究。

1.3.4　标准竞争文献回顾

Shapiro和Varian(1999)关于标准竞争的定义目前是最权威的,被广泛引用。他们指出,当两种新的不兼容技术相互竞争都想成为事实上的标准从而获取垄断利润时,它们之间就将进行标准战争。

基于网络效应来研究标准竞争是国内外学者大多遵循的一个方式。在国外文献中,M.Katz和C.Shapiro、P.A.David、J.Farrell和G.Saloner、B.W.Arthur等都有不少的文献从网络效应角度开展技术标准化研究。而在国内文献中,也有不少相关的研究,而且大多运用Hoteling模型来说明问题。王耀中、刘冰(2007)将技术水平作为变量引入到产品的基本效用中改造Hoteling模型,分析了技术进步企业在标准化战略和差异化战略间的选择。熊红星(2006)基于Hoteling模型基础上设计一阶段静态博弈模型研究标准竞争问题,比较和讨论了网络标准、非网络标准、兼容网络标准,非兼容标准在市场条件下的标准竞争中的社会福利水平,揭示了预期规模对标准竞争的影响。汪淼军和励斌(2003)在Hotelling模型的基础上发展了一个简单模型来分析网络外部性与竞争、产品差异化的关系,认为在局部均衡中,网络外部性一般不会影响产品横向差异化,但在一般均衡模型中,产品横向差异化是网络外部性的递增函数;网络外部性对产品纵向差异化及社会福利的影响依赖厂商的生产成本。耿乃国(2010)没有引用 Hoteling 模型,但从网络效应的视角研究了信息通信技术产业的标准竞争与合作情况。

李传荣(2008)认为网络效应不仅能够直接影响消费者的购买行为,企业也可以通过技术标准对市场形成控制力,企业通过技术创新和技术联盟的方式形成技术标准,在网络效应下营销策略的效用会适度放大,企业通过标准竞争获得竞争优势。王希凤、王国才(2009)认为不断增强网络外部性是标准竞争获胜的关键。在网络产品市场中,不具技术优势的企业通过市场手段获得法定或事实标准的地位,在标准竞争中赶超技术领先企业。马静静(2009)研究了网络效应下的企业兼容策略,认为标准竞争是企业获得市场竞争优势的焦点,而消费者选择是决定企业胜负的关键,产品兼容性在很大程度上影响消费者选择。骆品亮、殷华祥(2009)认为标准竞争已经成为网络经济条件下的主要竞争形式,标准竞争策略也成为继成本控制策略、市场扩展策略等传统竞争策略之后的新型企业战略,通过对消费者预期、厂商预期和标准联盟的分析,揭示了消费者策略性延迟、标准联盟对于标准竞争的影响。汪雄剑(2005)建立了两个厂商的离散动态模型,研究了对在分散决策的市场经济中生产具有网络效应的产品的厂商价格决策对产品市场占有率的影响。刘戒骄(2002)通过研究发现在网络效应较强的产业中,技术设置的兼容性是左右企业成长的关键因素。随着技术进步、新兴产业的发展和市场竞争的加剧,产品兼容、网络效应对企业竞争力具有越来越重要的意义。

吕铁(2005)技术标准已经成为高技术产业市场竞争的战略工具,网络效应的存在加剧了技术标准的竞争,而企业联盟则是企业参与标准竞争的重要形式。技术标准的专利化趋势在给跨国公司带来重大战略利益的同时,也对专利缺乏的发展中国家的企业产生了不利影响。政府在技术标准化过程中需要制定产业技术政策和竞争政策,提高本国产业和企业的技术标准竞争力。我国产业标准战略的核心问题是要建立起基于企业联盟的技术标准形成机制。胡培战(2006)根据产品生命周期理论,研究了技术标准演进的规律,分析了技术标准对市场的强化作用和保护作用,指出了竞争者在技术标准运行的不同阶段所应采取的标准战略:

标准挑战战略、标准跟进战略以及标准创新战略。马冬(2011)从博弈论的角度分析了技术标准选择过程,对标准竞争的主导策略进行了分析。李薇(2012)结合我国目前的技术创新环境和制度特征,对我国国家层面、区域层面和企业层面的技术标准战略,以及相应标准联盟的组建与运行机制进行了梳理和归纳,最后从联盟发起制度、联盟成员结构、成员关系强度角度,提出了改进技术标准联盟有效性的对策建议。张米尔、冯永琴(2010)通过研究发现在一些高技术领域,近年来出现了正式标准滞后于技术发展的状况,一些技术领先的企业通过制定私有协议起到了事实标准的作用,领先企业为保障产品兼容性和引导产业发展,凭借其技术优势和市场地位,自主发展私有协议替代缺失的正式标准,由于私有物品的产权属性,私有协议在发展过程中的负面作用逐渐暴露,成为领先企业打压追赶者的竞争工具。这在一定程度上解释了一些跨国公司越来越多的参与发展中国家标准制定的现实。陶爱萍、汤成成(2012)认为技术标准专利化和专利技术标准化是技术标准私有化的两种途径。随着技术标准和技术专利的融合,技术标准的私有化成为技术标准发展的必然趋势,技术标准中的合理产权界定有助于技术标准对技术创新的正效应,也有助于克服技术标准对技术创新的负效应。

Sadahiko Kano(2000)将标准竞争作为继产品、市场、顾客竞争之后的一种新的竞争战略形态,已经成为国外众多领先企业的一种基本的竞争战略,而且日益成为制约我国企业国际化发展的主要因素。Funk(2003)认为企业在市场上取得竞争优势与其标准化程度密切相关,技术标准之间的竞争往往表现为不同技术标准联盟之间的竞争。Suarez(2004)区分了环境因素和企业层面因素对标准战争的影响,从不同角度分析了企业战略、制度干预、网络效应、技术优越性和互补性资产等的功能。

张泳、赵昱虹(2012)认为国外研究文献提供了研究标准竞争的理论基础和研究工具,不过这些文献较多地关注技术先进企业和国家如何利用领先的技术标准获得和维持优势的竞争地位,较少讨论技术落后国家的技术标准追随战略、标准产品生产战略。中国标准竞争研究应当在借鉴国外研究成果的同时,结合中国标准竞争的具体环境,挖掘中国标准的竞争优势,研究有效的竞争战略。国内学者对于技术标准竞争的研究主要集中在信息产业和标准战略的关联度、网络经济和标准战略的依存度、知识经济和标准战略的关联度等方面。张泳、赵昱虹(2013)以标准竞争的概念为基础,从组织和消费者这两个层面出发探讨标准竞争的影响机制,并对未来标准竞争的研究方向进行展望:研究战略导向、组织创新、标准竞争能力与组织绩效关系和构建融合路径模型和研究标准竞争对消费者决策过程的影响机理及营销策略。张泳、黄柳婷(2013)认为标准竞争已成为许多企业建立核心竞争优势并使之持续长久的一个重要途径,但现有研究尚缺乏对组织创新与标准竞争关系进行探讨。通过对标准竞争、组织创新和组织绩效三者之间的关系进行研究,并从技术环境和制度环境的视角分析标准竞争能力的影响因素,构建了标准竞争和组织创新的融合模型,提出将基于组织创新的技术通过标准竞争转化为行业标准有助于维持长期的竞争优势,从而提升组织绩效。

1.4　研究思路

将标准竞争置于对外贸易投资发展中来进行考量,既要进行深入的理论机制分析,又要大量的实践事实来支撑,因此本书研究一方面从理论上阐述标准竞争优势对国际贸易和投资的作用机制及其形成机制,另一方面从案例分析和计量检验两个角度来进行实证。

具体地,本书研究从以下几个方面展开:

(1)标准竞争优势对国际贸易和投资的作用机制研究。标准通过引导技术进步及其扩散、产业结构和投资方向,让生产要素逐步收敛于标准竞争的赢家。标准的网络外部性、技术锁定和赢家通吃的特点使拥有国际标准,能够影响和控制国际标准制定实施的企业在对外贸易和投资中更易主导国际市场、排挤竞争对手、治理国际生产价值链,提升利益分配能力。本研究将标准因素引入对外贸易和投资理论,建立基于标准竞争优势的对外贸易和投资模型,进而考虑发展中国家在国际标准竞争和对外贸易投资中的特殊性,分析其存在的可能性和实现条件。

(2)标准竞争优势的形成机制研究。技术优势和用户基础是获得标准竞争优势的前提。我国在对外开放过程中,自主创新能力得到了显著提升,技术劣势正在得到纠正。国内巨大的消费市场是我国参与国际标准竞争无可比拟的优势,这种优势随着贸易投资大国的发展得到强化。本研究在"国际标准竞争的大国效应模型"基础上,进一步深化技术优势、大国效应与标准竞争优势的理论阐述,并实证考察技术提升和市场发展对我国参与国际标准竞争能力的促进作用。同时,中国政府强有力的引导和支持所形成的"国家特定优势"弥补了中国企业的垄断竞争劣势。本研究建立特定优势与标准竞争优势模型,探讨政府在标准化战略中的特定角色,重点考察政府在推动本国标准竞争成为国际标准和管理跨国公司在东道国标准化战略过程中的作用。

(3)标准竞争优势的实证研究。本书研究从三个层面对标准竞争优势进行实证分析:一是跨国公司参与中国的标准化,检验跨国公司在东道国国内市场运用其标准竞争优势;二是中国通过对外贸易、投资和工程承包中的标准输出,在国际市场争取标准竞争优势;三是运用计量分析,实证检验中国标准竞争优势与对外贸易、投资发展、国际竞争力的关系。

(4)发挥标准竞争优势、推动贸易投资大国发展的政策建议。结合理论实证分析的结论,分析当前标准竞争和贸易投资发展现状,进一步探讨我国标准竞争优势的存在条件和稳定性,为充分发挥标准竞争优势、推动贸易投资大国健康发展的提供政策建议。

第 2 章

标准竞争优势的作用机制

在国际市场的标准竞争中,无论是国家、企业,还是其他相关主体,都想将其他竞争对手排挤出去,来主导标准的制定和实施,从而获得标准竞争优势。因为在国际贸易与投资过程中,标准竞争优势能集聚生产要素,减少市场竞争,强化国际治理能力。进一步地,标准竞争优势能扩大贸易规模,优化贸易结构,提升利益分配的能力。

2.1　标准竞争优势的内涵

2.1.1　标准竞争的含义和类型

卡尔·夏皮罗和哈尔·瓦里安在其很有影响的著作《信息规则——网络经济的策略指导》中提到:"当两种新的不兼容技术相互争斗都想成为事实上的标准时,我们就说它们在进行标准战争。这些战争可能以停战(如调制解调器)、双头垄断(如电视游戏)或你死我活(如录像机)告终。标准战争是具有强大的正反馈的网络市场中独有的现象"[①]。虽然很多学者如他们一样喜欢使用"战争"来描述标准之间的竞争,但本研究仍然更愿意使用"标准竞争"这个用语,并且将竞争范

---

① 卡尔·夏皮罗、哈尔·瓦里安:《信息规则——网络经济的策略指导》,中国人民大学出版社 2000 年版,第 229 页。

围不仅仅局限于两个标准。

卡尔·夏皮罗和哈尔·瓦里安(2000)根据技术标准的兼容程度,将标准战争分为三种类型:①竞争渐进(rival evolutions),即竞争对手之间的技术都能和老一代技术兼容,但相互之间不兼容;②渐进对革命(evolution versus revolution),即竞争对手之间,有一个的技术可以提供后向兼容,而另一个则不能,这实际上就是后向兼容与卓越性能之间的竞争;③竞争革命(rival revolution),如果两种技术都不提供后向兼容,但都争取成为事实上的标准。

熊红星(2006)根据消费者偏好的差异将标准竞争分为同代标准竞争和代际标准竞争两种类型。在消费者偏好序列中,若两个不同标准产品的位置因人而异,意味着它们具有横向差异化关系,即属于同代标准;在其他条件相同时,若所有消费者都偏好于某个标准产品,则意味着它们具有纵向差异化关系,即代际标准。同代标准竞争就是厂商针对存在消费者偏好差异的市场争夺标准统治地位的行为,而代际标准竞争则是指不同质量水平的标准产品之间的竞争。

无论是卡尔·夏皮罗和哈尔·瓦里安的分类,还是熊红星的分类,他们关注的都是标准竞争这个事实本身,而没有关注其发生的市场范围。我们在遵循标准竞争客观规律的基础上,更进一步地关注标准在国家之间、国际市场上的竞争。

2.1.2　标准竞争优势的含义

所谓标准竞争优势,是指在国际标准竞争中,参与竞争的国家、企业或其他相关主体挤出竞争对手的标准,将自己主导制定的标准演变成国际标准,或者成为市场上被广为接受的事实标准,从而取得标准竞争胜利的一种状态。

标准竞争优势的范围可以是在国内市场,也可以是在国际市场,其存在只以标准竞争的范围为限。但本书只讨论在国际范围内的标准竞争问题,因为本书主要研究国际贸易和国际投资与标准之间的关系。

标准竞争优势的主体是参与国际标准竞争的利益相关者,既可以是企业、标准制定机构,也可以是政府和消费者,甚至还可以是跨国公司联盟、国家集团等。

不同的利益相关者关注标准竞争的角度存在差异,但在国际范围内讨论的标准竞争优势,都最终表现为基于本国利益而形成的国内标准成为在国际市场运用的国际标准。

因为标准本身存在法定标准和事实标准的差异,所以标准竞争优势既可以体现在 ISO、IEC、ITU 等国际标准化组织明文制定的法定标准全部或部分引用某个国家的国内标准,也可以体现为在某些技术、生产、消费领域,大家共同遵守的事实标准对某个国家的国内标准的全部或部分引用。

2.1.3　标准竞争优势的作用

本国标准,特别是包含有自主知识产权的本国标准成为国际标准,将使本国获得基于标准的贸易竞争优势和投资垄断优势,从而提升本国和本国企业在国际经济活动中的利益分配能力。这种利益分配能力的提升主要表现为以下三个方面:

1. 集聚生产要素

无论是限制作用,还是促进作用,标准通过引导技术进步及其扩散都会对技术发展的方向和轨道产生重大的影响。这种影响将使得各种生产要素遵循"马太效应",越来越收敛于标准竞争的赢家。在某种技术演变成为标准的充分信息条件下,尽管仍然有部分生产要素坚守非标准的创新领域,但更多的相关生产要素将向标准收敛,集聚于成为标准的技术项下,这必将影响相应的产业结构和投资方向,资源配置的格局和效率都相应地发生变化。

2. 减少市场竞争

标准的网络外部性、技术锁定效应和赢者通吃的特点,使其在规范市场秩序、促进公平竞争的同时,也产生很强的反竞争效应。也就是说,标准化过程确立了某一个技术解决方案、运行规则的市场合法地位,却减少或者限制了更多技术解决方案、更多运行规则的供给,使得市场从竞争状态人为地转变为垄断状态,极大地降低了市场竞争的程度。这种反竞争效应使那些拥有国际标准,或者能够影响和控制国际标准制定和实施的企业在对外贸易和对外投资中更容易主导国际市场、排挤竞争对手,提升利益分配能力。

3. 强化国际治理

全球生产和创新网络要求产品集成者能够成功地将不同模块零配件组合为成型产品,这种组合过程要求围绕共同标准建立共同技术体系结构。只有具有兼容性的标准才能使独立设计和生产的产品和零配件在同一个技术系统内有效地工作,才能使全球创新网络有效运行。但是,标准已不再只是枯燥的技术问题,它事实上已成为跨国公司竞争战略和商业模式的重要内容。跨国公司通过知识产权和技术标准的巧妙结合,以专利信息披露方式和专利许可费用作为主要竞争手段,来实现其竞争意图和商业利益。协调价值链模块的技术标准所涉及的知识是否容易掌握、交易环节是否简单,所构成的交易的复杂性与交易的可编码能力、供应端能力三个变量不同状态的相互组合决定了跨国公司全球生产和创新网络的治理模式。在不同的治理模式下,跨国公司隐藏在标准内容背后的技术已经产生了进入和控制的问题,全球价值链中的标准设立对不同的地理区域和社会集团产生了不同的分配效应。而不同规模、不同技术水平、不同商业模式的企业会采取不同的专利信息披露和许可费用方式,直至在针对专利被侵权时所表现出法律诉讼的积极性都不一样。

2.2　标准竞争优势与国际贸易发展

信息不对称是消费者与生产者之间永恒存在的矛盾,在国际市场尤其如此,这也严重影响到国际贸易的正常发展。技术性贸易壁垒则是在关税、配额、许可证等传统贸易限制措施影响日渐式微的背景下,越来越被各国广泛采用的贸易限制措施。除了降低生产成本、提升技术水平之外,尽快地获取规模经济是厂商赢得市场竞争优势的必要手段。在网络经济中,从越来越多的用户基础中取得网络外部性,是将自身区别于一般产品迅速赢得市场规模的重要途径。这方方面面影响国际贸易发展的问题,有不少可以解决的途径和方法,但尽快形成标准竞争优势则是解决这些问题的根本。

2.2.1 标准竞争优势缓解信息不对称

技术标准具有公共物品属性,技术标准及标准化构建了生产、生活的平台。在开放经济条件下,技术标准存在于贸易、投资的方方面面,国际贸易和国际投资的发展需要技术标准的发展加以支撑,参与国际经济竞争越激烈对技术标准的需求越多,进而推动了技术标准化的发展。通过实施技术标准化,降低了国际经济活动各方的信息不对称,又能促进国际经济活动的发展。

1. 降低消费者的信息不对称

Philip Nelson(1970)将产品分为搜寻产品、经验产品和信任产品。消费者在购买之前就能知道产品的特征是搜寻产品;消费者必须在购买或使用以后才能知道产品特征的是经验产品;消费者在使用以后仍无法知道产品信息的是信任产品。对于搜寻产品,生产者和消费者的信息是完全对称的,不存在信息不对称的问题。对于经验产品,消费者只有使用后才能知道产品的具体信息,此时生产者和消费者之间存在信息的不对称。而对于信任产品,即使在使用之后也无法确定产品的具体信息,此时生产者和消费者的信息是相当不对称的。由于生产者对产品所掌握的信息远远多于消费者,生产者和消费者之间的信息具有很强的非对称性,尤其处于开放经济条件下,生产者和消费者往往跨越国界,这增加了更多的不确定因素,导致消费者在交易前无法判断产品质量的高低,消费者的支付意愿并不会随着产品质量的提高而提高,容易出现消费者选择低质低价产品而放弃高质量产品,形成购买的"逆向选择",最终可能导致市场交易的完全停止(Akerlof,1970)。技术标准的制定与实施,即技术标准化过程,一方面可以使消费者的信息搜寻成本减少,降低市场上的信息不对称;另一方面由于技术标准对产品的质量、功能等各方面进行了明确规定,消费者可以通过技术标准来获取这方面的信息,帮助消费做出理性的消费决策,在某种程度上减少市场中的"柠檬现象"的发生。

在交易时,面临的不确定因素越多越有动机制定标准化,希望通过标准传递出产品的有关信息,从而降低消费者的信息不对称,促成交易的完成。

2. 降低生产者的信息不对称

从生产者方面来看,随着经济一体化和贸易自由化的不断发展,厂商无法了解各个国家的技术需求,也无法按各个国家的标准进行生产,厂商只有按照国内现行的标准或国际上通用的标准来进行生产,通过严格的技术标准来减少生产过程的不确定性。企业通过高水平的技术标准改善生产工艺、提高产品的专业化水平,在提高产品质量的同时提高企业的生产效率。在这里,技术标准化是沟通国内生产者和国外消费者的一座桥梁,企业通过技术标准化将产品销往国外,扩大其产品的用户规模,在全世界范围内进行竞争,有利于企业了解国外市场消费者需求变动及最新相关技术变动情况,从而促使企业作出最有利于自身的决策。

借鉴 Swann(1994)构建的"标准基础设施模型"中的树形结构图分析在有标准和无标准这两种情况下的企业经济效益,横轴表示经济效益的不同层次,纵轴表示创新的技术水平。图 2.1 表示企业在有标准化约束下进行的生产,一方面标准能保证产品质量;另一方面企业会按照标准所指定的方向进行研发投入,统一了技术发展方向,简化了产品品种和规格。企业处于价值链的高端,所获得经济利益较多,同时也能为后期的研发和创新提供支持,使企业始终保持竞争优势。图 2.2 表示企业在没有标准约束下进行的生产,标准的缺失会使生产过程杂乱无

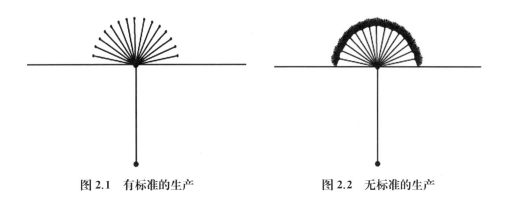

图 2.1　有标准的生产　　　　　图 2.2　无标准的生产

章,无法保证产品质量;也无法约束企业的技术发展方向,导致企业资源的浪费。企业总是处于跟随、模仿标准制定者企业的阶段,总是位于整个产业价值链的低端,所以获得的经济效益较少,导致后期无法为企业的技术创新和研发提供支持,始终处于竞争劣势,企业长期发展下去最终会被市场淘汰。因此在开放经济条件下,为了在国际竞争中保持竞争优势,为了获得更多的经济效益,企业会更积极地进行标准化建设。同时,企业通过实施技术标准化,又能获得竞争优势,助推企业更好地参与经济全球化。

2.2.2　标准竞争优势消除技术性贸易壁垒

在全球市场竞争中,我国不仅在贸易中面临技术壁垒;而且在对外直接投资中还面临着技术壁垒。技术贸易壁垒是指在对外贸易中,一国(地区)为维护本国(本地区)的基本安全、保障人类及动植物的生命及健康安全,保护生态环境,防止欺诈行为,保证产品质量,而采取限制或禁止进出口的各种技术措施,这些措施包括技术法规、标准和合格评定程序(张东海,2004)。一般来说,我国对外直接投资中所遇到的投资技术壁垒是指对我国服务或产品进入该国(地区)时造成的限制或阻碍(陈怡,2005)。对外直接投资和出口贸易、外国对华直接投资和进口贸易同技术标准化的作用方向是一致的,因此在这里只讨论进出口贸易与技术标准化的影响机制。

高技术产品出口的数量和质量已成为衡量一个国家经济实力和国际竞争力强弱的重要标志。近年来,我国高新技术产业发展迅速,其产品出口也呈现快速增长。在加入 WTO 后,我国高技术产品遭遇的贸易壁垒集中表现在技术标准的争端上,下面以我国高技术产品为例,对高技术产品的技术贸易壁垒与技术标准化的机理进行分析。我国高技术产品除了满足国内消费外还出口到国外市场,为了适应在两个不同的环境下提供产品,本国企业须支付一个附加成本(F)。假定标准化水平的高、低并不影响本国国内对高技术产品的需求,而且国外在高技术产品上对我国并不实行公开的贸易限制,则两类高技术产品生产企业在国外市场上采取寡头竞争策略：

$$\max \pi_f(q_h, q_f, S) = p(q_h + q_f)q_f - c(S)q_f \tag{2.1}$$

$$\max \pi_h(q_h, q_f, S) = p(q_h + q_f)q_h - c(S)q_h \tag{2.2}$$

式中，π 为高技术企业的利润，q_f 和 q_h 分别是本国高技术企业向外国的出口量和外国企业提供给自己国内的高技术产品生产量，p 是外国高技术产品的逆需求函数（斜率为负），S 为外国的技术标准水平，$c(S)$ 表示当标准是 S 时企业的单位生产成本且 $c' \geqslant 0$，$c'' > 0$。

用"$*$"表示相应的本国企业的各个变量，一般来说，本国企业的技术标准化水平低于外国的技术标准水平，极端情况下假设本国技术标准为零，当我国高技术生产企业不出口时其利润函数为：

$$\pi_0^*(q^*, 0) = \max\{p^*(q^*)q^* - c(0)q^*\} \tag{2.3}$$

当我国企业出口时，必须在我国国内技术标准和国外技术标准之间进行选择，采用同一标准和两种不同标准生产时我国高技术生产企业总利润函数分别如下：

$$\pi_1^*(S) = \max\{p(q_h + q_f)q_f + p^*(q^*)q^* - c(S)(q_f + q^*)\} \tag{2.4}$$

$$\pi_2^*(S) = \max\{p(q_h + q_f)q_f + p^*(q^*)q^* - c(S)q_f - c(0)q^* - F\} \tag{2.5}$$

外国技术标准的提高会阻碍本国企业对外出口，这是因为我国企业出口到国外的高技术产品必须满足国外的最低技术标准要求。如果本国企业不向外国进行高技术产品的出口，此时本国的利润与国外的技术标准水平无关，仅仅取决于本国国内对高技术产品的需求水平。因此，均衡时存在一个最低技术标准，使我国企业向外国出口高技术产品和只向本国国内市场提供产品所获得的利润是无差异的，即

$$\pi_0^*(S) = \max\{\pi_1^*(S), \pi_2^*(S)\} \tag{2.6}$$

如图 2.3 所示，S_e 是使本国企业出口与否利润无差异的国外最低技术标准。

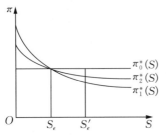

图2.3　不同技术标准水平下企业的利润

若国外高技术产品进口标准高于均衡时的国内技术标准,即 $S_e' > S_e$,此时 $\pi_0^*(S) > \pi_2^*(S) > \pi_1^*(S)$,本国国内企业因国外技术标准提高而使成本剧增,导致我国只向本国国内市场提供产品,最终退出国际市场的舞台。本国国内企业要想继续维持并扩大出口,就必须提高出口产品的技术标准水平。通过提高技术标准,可规避国外技术贸易壁垒,促进出口贸易的发展。同理,S_e 也可以表示利润无差异的本国最低技术标准。若本国高技术产品进口标准高于均衡时的国外技术标准,此时国外企业也只向自己本国国内市场提供产品。国外企业要想向我国出口产品,就必须使其出口产品技术水平,以满足我国最低技术标准要求,通过提高技术标准,可形成技术贸易壁垒,提高进口产品技术水平。

从以上的分析可知,通过国际贸易和国际投资的方式可以获得目标国市场的相关技术需求,将这种需求反映到标准的制定过程中,可以促进技术标准化发展。技术标准水平的提高,一方面可消除发达国家对我国的技术壁垒,促进出口贸易和对外投资的发展;另一方面,通过技术标准可形成我国对其他国家的技术壁垒,提高进口产品技术含量和引进外资的质量。

2.2.3　标准竞争优势促成规模经济

规模经济是指由于专业化水平提高等原因,随着生产规模的扩张,产品的单位成本下降,企业的长期平均成本随之递减,规模经济又可分为内部规模经济和外部规模经济。内部规模经济主要是由企业自身生产规模的扩大,导致产品平均成本下降。外部规模经济是指整个产业扩张时,导致该产业内各个企业平均成本降低。

假设存在两个国家 A 国和 B 国,两国各有一家企业生产同一种产品(X 产品),A 国在 X 产品上进行标准化,从而 A 国生产 X 产品可获得内部规模经济,B 国在 X 产品不进行标准化。两国消费者偏好、要素禀赋和生产函数均相同。

如图 2.4,在封闭经济条件下,企业都根据 $MR = MC$ 来生产,以实现利润最大化。根据以上的假设可知,两国的需求曲线相同,从而 MR 线也相同。由于 A 国生产 X 产品进行标准化生产,可获取规模经济。因此,两国根据国内对 X 产品的需求情况达到均衡时,$P_B > P_A$,$Q_B < Q_A$。 比较 A 国与

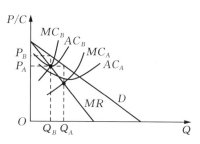

图 2.4　封闭经济条件下的市场规模

B 国的均衡点,A 国生产者以更低的成本提供产品,且消费者以更低的价格消费更多的产品,这是标准化生产给 A 国社会福利的增加。但是此时,市场是封闭的,因此这种福利的增加只保留在 A 国内部,相对而言,B 国的消费者和生产者都遭受不同程度的损失。

在开放经济条件下,生产和消费不再局限于一国内部,出现了生产的国际化和消费的国际化,各国产品在国际市场上竞争。如图 2.5,需求曲线是原来封闭经济下的 2 倍,开放经济条件下需求曲线向右移动,相应地 MR 线也向右移动。由于 A 国生产 X 产品具有规模经济,即随着产量的增加 A 国生产 X 产品的单位成本降低。A、B 两国生产的同质产品在同一市场上竞争,按照 $MR = MC$ 原则,均衡时 A 国以 P_A' 的价格提供 Q_A' 数量的产品。B 国达到均衡时,在国际市场上 B 国生产的产品价格大于 A 国的产品价格,此时 B 国生产 X 产品是没有市场的,此时 B 国在 X 产品上有价无市,最终 B 国会放弃 X 产品的生产。由此可知,在开放经济条件下,A 国通过标准化的生产不仅维持了本国的市场份额,而且还占领了其他国家的市场份额,极端的情形是完全驱逐其他国家的产品,使其退出国际市场的舞台,最终获得赢家通吃的局

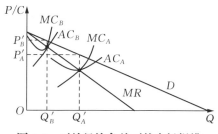

图 2.5　开放经济条件下的市场规模

面。在国际市场竞争中,不同生产者在产品质量或者价格上的绝对差异决定了其产品的竞争力,而企业通过技术标准化能获得相对竞争优势,优于竞争对手的企业将会看到他们的市场份额在不断地增加,而在竞争上处于劣势的企业将会丢掉他们的市场份额(Amable and Verspagen,1995)。因此经济越开放,市场竞争越激烈,企业越有动机去进行标准化建设,从而提升技术标准水平;通过实施技术标准化又能迅速获得规模经济,形成竞争优势,获得占领国际市场的先机。

2.2.4 标准竞争优势获得网络外部性

网络外部性是指随着使用某种产品及其兼容产品的用户人数的增加,用户使用或消费这种产品所获得的效用也增加。根据网络外部性的来源,将网络外部性分为直接网络外部性和间接网络外部性(Katz and Shapiro,1985)。直接网络外部性是指使用某一产品用户的增多可以使其他使用该产品用户的效用增加,如电话、传真机、电子邮件等,直接网络效应都极为突出。间接网络外部性是指随着某一产品使用者数量的增加,导致该产品的互补品增多或价格降低而产生的效用,如计算机的软硬件,它们作为互补品间接网络效应突出。

Clements(2004)在互补产品市场上建立了直接网络外部性模型和间接网络性模型,研究结果表明,无论是在直接网络外部性还是间接网络外部性下,网络外部性都能技术标准化的发展。

Clements假设存在两种互补品:软件和硬件,硬件市场上存在两种技术:X 和 Y。市场上的硬件产品由竞争市场提供,ch 是硬件厂商的固定边际生产成本;软件市场则是由寡头竞争市场提供,F 是固定生产成本,cs 是软件厂商的边际生产成本。硬件产品在单位长度在存在差异,$X=0$,$Y=1$。每种硬件产品有很多软件生产商,软件厂商之间进行伯川德竞争,均衡时各个软件厂商的经济利润为零。α 表示消费者对硬件的偏爱,α 在单位线上均匀分布(即 $\alpha \in [0, 1]$),消费者对软件的偏爱则均匀分布在对应硬件的单位圆上。Clements采用旅行成本来反映产品的差异度,t_s、t_h 分别表示软、硬件产品的旅行成本。用 β^g、β^h 表示软、硬件产品的兼容程度($\beta^s \in [0, 1]$，$\beta^h \in [0, 1]$)。在模型中，消费者首先选择购买硬件，然后选择软件的种类。α^* 表示消费者在两种硬件产品上效用是无差异时与硬件 X 厂商的距离。η 表示边际直接网络效应。用效用函数 U 表示消费者购买硬/软件的价值：

$$U^{XX} = U_0 - c^h - \alpha t^h - p^{sX} - d^X t^s + A\eta[\alpha^* + \beta^h(1 - \alpha^*)] \tag{2.7}$$

$$U^{XY} = U_0 - c^h - \alpha t^h - p^{sY} - d^Y t^s/\beta^s + A\eta[\alpha^* + \beta^h(1 - \alpha^*)] \tag{2.8}$$

$$U^{YY} = U_0 - c^h - (1 - \alpha)t^h - p^{sY} - d^Y t^s + A\eta[(1 - \alpha^*) + \beta^h \alpha^*] \tag{2.9}$$

$$U^{YX} = U_0 - c^h - (1 - \alpha)t^h - p^{sX} - d^X t^s/\beta^s + A\eta[(1 - \alpha^*) + \beta^h \alpha^*] \tag{2.10}$$

当 $\beta^s = 1$ 时，基于两种技术生产的软件产品完全不兼容，此时不存在间接网络效应。在直接网络效应下，技术标准化与边际网络效应(η)、兼容性(β^h)以及用户规模(A)呈正相关关系。也就是说，边际网络效应越大，兼容性越大，用户规模越大，对技术标准化的促进作用越大。当 $\eta = 0$ 时，消费者数量的增加不能给其他消费者带来效用的增加，此时不存在直接网络效应。在间接网络效应下，标准化与软件的旅行成本(t_s)以及软件厂商的固定成本(F)正相关，即软件的旅行成本越大，软件厂商的固定成本越大，对技术标准的促进作用越大。

2.3　标准竞争优势与利益分配

尽管利益有不同的表现方式，但追求更大、更多的利益是每一个国家(地区)每一个企业参与国际分工、开展国际贸易和投资的出发点和落脚点。从亚当·斯密、大卫·李嘉图，到赫克歇尔、俄林，再到格罗斯曼、赫尔普斯、克鲁格曼，无一不将贸易利益作为他们研究的中心，都强调通过比较优势来进行国际分工和贸易，增加参与者的福利。而这些学者所讲的比较优势分别是基于技术差异、资源禀赋、规模经济等形成的。在国际分工还表现为产业之间、产品之间的时候，在国际交换主要还是完整的制成品的时候,在整个市场还相对处于稀缺状态的时候,标准没能起到足够的作用,所谓比较优势的形成和贸易利益的分配都没有注意到标准的影响。然而,当前的国际市场已经发生了巨大的变化,国际分工已经越来越细化,产业内、产品内的分工成为了主要的分工模式,中间产品在国际贸易中所占比重越来越大,国际市场对商品的选择越来越多元化。在这种情况下,标准的影响和作用日趋巨大,获得标准竞争优势就成了国际贸易和国际投资利益分配的基础。

2.3.1　标准竞争优势与贸易利益分配

在当前的国际市场中,无论是最终产品贸易,还是中间产品贸易,其利益分配都会受到标准的影响,谁掌握了贸易产品标准的主动权,谁就能获得更大的利益分配。

1. 标准影响最终产品贸易利益的机制

标准的设置使厂商的生产成本增加,但如果不同厂商面对同样的标准所增加的成本存在差异,有的不变,有的增加,或者增加的幅度不一样,就会对厂商的利益及其分配产生影响。

假定世界市场由国家 1 和国家 2(下文分别简称为 1 国和 2 国)构成,两国的厂商生产相同的产品。1 国厂商生产的产品只供应本国市场,2 国厂商生产的产品在供应本国市场的基础上还有向 1 国市场的出口。两国之间实行自由贸易,没有贸易限制,但两国产品的市场价格不一致。

我们可以通过比较最终产品标准设置前后两国厂商利润的变化来讨论标准对贸易利益的影响。

因为只有 2 国向 1 国出口,所以只考虑 1 国设置标准的情况。其标准即为其国内厂商原来的生产技术要求。

先看未设置标准时的情况:

$$\Pi_N^1 = p^1(q_1^1 + q_1^2)q_1^1 - c(0)q_1^1 \tag{2.11}$$

$$\Pi_N^2 = p^1(q_1^1 + q_1^2)q_1^2 + p^2(q_2^2)q_2^2 - c(0)(q_1^2 + q_2^2) \tag{2.12}$$

其中，Π_N^1、Π_N^2 分别为 1 国和 2 国未设置标准时厂商的利润。$p^i(i=1,2)$ 为各自国内价格，c 为生产成本，$c(0)$ 表示没有设置标准时的生产成本，$q_i^i(i=1,2)$ 为产量和销售量，上标为产品生产国，下标为产品销售国。

现在 1 国将其现有技术要求设置为标准，要求进口产品也必须符合其国内生产要求。1 国厂商不会因此增加成本，但 2 国厂商如果继续向 1 国出口则会因此而增加成本。所以 2 国厂商面临两种选择：放弃出口或接受 1 国标准。相应的厂商利润为：

$$\Pi_Y^1 = p^1(q_1^1)q_1^1 - c(0)q_1^1 (2 \text{国放弃出口}) \tag{2.13}$$

或者　　$\Pi_Y^1 = p^1(q_1^1 + q_1^2)q_1^1 - c(0)q_1^1 (2 \text{国接受 1 国标准，继续出口}) \tag{2.14}$

$$\Pi_Y^2 = p^2(q_2^2)q_2^2 - c(0)q_2^2 (2 \text{国放弃出口}) \tag{2.15}$$

或者 $\Pi_Y^2 = p^2(q_1^1 + q_1^2)q_1^2 + p^2(q_2^2)q_2^2 - c(\tau)q_1^2 - c(0)q_2^2 (2 \text{国接受 1 国标准，继续出口})$

$$\tag{2.16}$$

其中，Π_Y^1、Π_Y^2 分别为 1 国和 2 国在设置标准后厂商的利润。τ 为 1 国设置的标准水平，$c(\tau) > c(0)$。

对于 1 国而言，设置标准后，如果 2 国不再出口，则其国内产品供应形成独家垄断。而且根据其原油生产要求制定的标准不会增加其国内厂商的成本，所以他的利润增加。如果 2 国接受 1 国标准，继续出口，1 国厂商的利润没有减少，但 2 国厂商因为增加了 $c(\tau)q_1^2 - c(0)q_1^2$ 的成本，利润下降，因此 1 国厂商收益相对增加。

对于 2 国而言，在 1 国设置标准后，如果不接受其标准，则全部丢失出口市场，厂商生产和销售减少，利润下降。如果接受 1 国标准，继续出口，则要承担因此而增加的 $c(\tau)q_1^2 - c(0)q_1^2$ 的成本，利润也会下降。

不过，2 国还有一种改善贸易收益的机会。Thilmany 和 Barret(1997)在分析美国和墨西哥的奶制品贸易时，强调了进口国的技术法规和标准在增加消费信心上的作用。王耀中和侯俊军(2005)也从规模经济、质量改进和消费选择机会增加等方面分析了标准的设置可能增加消费者福利的情形。也就是说,标准的制定可能使消费不确定性降低,消费增加,需求曲线外移,市场均衡发生变化,厂商生产和供给增加(张海东,2004)。

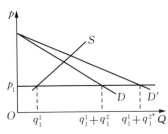

图 2.6　符合标准与进口增加

如图 2.6,由于 2 国厂商按照 1 国标准进行生产,产品完全符合 1 国标准,1 国消费者增加了对 2 国进口品的需求,需求曲线由 D 向右移至 D'。在 1 国价格不变的情况下,其国内生产不会增加,而需求增长到 $q_1^1 + q_1^{2*}$,所以进口增加 $q_1^{2*} - q_1^2$。

此时,如果 $[p^1(q_1^{2*} - q_1^2) - c(\tau)(q_1^{2*} - q_1^2)]$ $> c(\tau)q_1^2$,即遵守 1 国标准所导致出口增加的收益大于遵守 1 国标准所产生的符合成本,则 2 国厂商也能从 1 国标准制定中获取收益的增加。

2. 标准影响中间产品贸易利益的机制

随着经济全球化和国际分工越来越深入的进行,中间产品贸易得到了快速的发展。大量的国际贸易由中间产品、原材料构成,这些货物在到达最终消费者之前需要当地的进一步加工生产。而且技术进步导致生产技术和生产空间的可分离性大大提高,极大地促进了产业价值链的垂直分解,越来越多的产品被分割成不同的生产模块和生产环节,根据比较优势分布在世界不同地区进行生产。标准作为连接各生产模块和生产环节的界面,对生产成本产生影响,从而影响中间产品贸易利益的分配。

假设在跨国界生产条件下市场中存在两个部门:上游部门 A 和下游部门 B,分别位于两个不同的国家。上游部门 A 生产并出口中间产品 A,该产品是下游部门 B 生产过程中必需的投入。下游部门 B 进口中间产品 A,和其他生产要素投入共同生产出最终产品 B。在 B 的生产过程中,投入的 A 与其他生产要素之间不存在相互替代。中间产品 A 与最终产品 B 之间存在——对应的关系,因此可以用相同的产出单位来衡量中间产品 A 和最终产品 B。部门 A 和部门 B 中分别有 m 和

n 个竞争者。

假设下游部门的反需求函数为 $P_B = f(Q)$，其中 $Q = \sum_{i=1}^{n} q_i$，q_i 是下游部门 B 各个厂商的产出。进一步假设部门中的所有厂商都是同质的，则有 $Q = nq_i$。于是，下游部门 B 的利润函数为：

$$\Pi_B = p_B q_B - p_A q_B - c_B q_B - F_B \tag{2.17}$$

其中，p_B 为最终产品 B 的价格，p_A 为中间产品 A 的价格，c_B 为最终产品 B 生产过程中其他生产要素投入的成本，F_B 为固定成本。生产的边际成本保持不变，为 $p_A + p_B$。下游部门 B 的厂商利润最大化条件为：

$$\frac{\mathrm{d}\Pi_B}{\mathrm{d}q_B} = p_B\left(1 + \frac{q_B}{p_B}\frac{\mathrm{d}p_B}{\mathrm{d}q_B}\right) - p_A - c_B = 0 \tag{2.18}$$

将 n 个厂商的利润最大化条件加总，可以得到：

$$p_B\left(1 - \frac{1}{nE_B}\right) = p_A + c_B \tag{2.19}$$

式 (2.19) 中 E_B 为最终产品 B 的市场需求弹性。从式 (2.19) 可以看出：在下游生产部门中，厂商数目越小，产品市场需求弹性越低，则价格超过成本的加成就越大；反之，厂商数目越大，产品市场需求弹性越高，则价格超过成本的加成就越小。

对式 (2.19) 进行整理还可以得出对中间产品 A 的引致需求，因为在这种情况下，对产出的度量 Q 同时适用于 A 和 B。

$$p_A(Q) = p_B(Q)\left(1 - \frac{1}{nE_B}\right) - c_B \tag{2.20}$$

在边际成本等于边际收益的利润最大化条件下，有

$$MR_B = p_A + c_B = p_B(Q)\left(1 - \frac{1}{nE_B}\right) \tag{2.21}$$

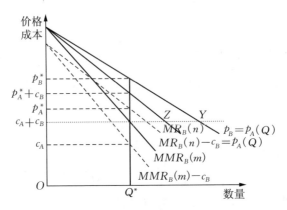

图 2.7　上下游市场的关系

于是，A 的引致需求曲线可以改写成

$$p_A(Q) = MR_B(n) - c_B \tag{2.22}$$

类似地，可以得出上游部门 A 厂商的利润函数：

$$\Pi_A = p_A q_A - c_A q_A - F_A \tag{2.23}$$

其中，p_A 为中间产品 A 的价格，q_A 是上游部门 A 各个厂商的产出，c_A 为中间产品 A 生产过程中其他生产要素投入的成本，F_A 为固定成本。生产的边际成本为 c_A。

在利润最大化条件下，可以得到：

$$p_A\left(1 - \frac{1}{mE_A}\right) = c_A \tag{2.24}$$

同样，在上游生产部门 A，价格加成取决于供应商的数量 m 和中间产品 A 的市场需求弹性 E_A。将 A 的引致需求代入利润函数中，可以得到：

$$\Pi_A = MR_B(n)q_A - c_A q_A - c_B q_A - F_A \tag{2.25}$$

对每个厂商以 q_A 为变量，求出利润最大化条件，然后再将 m 个厂商的条件加总，可以得出市场均衡条件：

$$MR_B(n)\left(1 - \frac{1}{mE_{MR}}\right) = c_A + c_B \tag{2.26}$$

其中，E_{MR} 是 $MR_B(n)$ 曲线的弹性。等式（2.26）左边实际上是初始需求曲线 p_B（Q）的边际成本曲线，将此曲线记为 $MMR_B(m)$，即

$$MMR_B(m) = MR_B(n)\left(1 - \frac{1}{mE_{MR}}\right) \tag{2.27}$$

那么，在上游部门 A 中，均衡条件为边际收入等于边际成本，即

$$MMR_B(m) - c_B = c_A \tag{2.28}$$

图 2.7 表示出了 A、B 两个市场之间各种可能的关系。根据前面的均衡条件，上游部门 A 生产 Q^* 的产品，并以 p_A^* 的价格出售其产品。下游部门 B 将这个价格和其他生产要素投入的边际成本 c_B 相加，获得其整个生产的边际成本，再根据边际收入等于边际成本的原则进行生产。

国际标准竞争情况影响到上下游生产部门的厂商数量，从而形成不同的市场结构。不同的市场结构下，国际贸易的利益分配格局就有很大的差异。

国际标准竞争可能出现三种情况：上游部门控制标准、下游部门控制标准、上下游部门达成标准联盟。

（1）上游部门控制标准。

当产品标准由上游部门 A 控制时，上游部门的厂商数量比较少，具有很强的市场势力，其极端情况是 $m = 1$，上游部门处于垄断状态。而下游部门 B 由于没有控制产品标准，只能被动地接受和适应标准，因而市场势力较弱，厂商数量较多，极端情况接近于完全竞争。

当 n 和 E_B 都比较大时，$\dfrac{1}{nE_B}$ 就越接近于 0，由 $MR_B = p_A + c_B = p_B(Q)\left(1 - \dfrac{1}{nE_B}\right)$ 可得 $MR_B = p_B(Q)$，即边际收益曲线和市场需求曲线重合，而 $MMR_B(1)$ 就是对应于市场需求曲线的边际收入曲线。在这种情况下，下游部门 B 所需要的中间产品的供应商，即上游部门 A 就能行使市场垄断力量，获取全部的

巨额垄断利润。

(2) 下游部门控制标准。

当产品标准由下游部门 B 控制时,下游部门的厂商数量比较少,具有很强的市场势力,其极端情况是 $n=1$,下游部门处于垄断状态。而上游部门 A 由于没有控制产品标准,只能被动地接受和适应标准,因而市场势力较弱,厂商数量较多,极端情况接近于完全竞争。

当 m 和 E_A 都比较大时,$\dfrac{1}{mE_A}$ 就越接近于 0,由 $p_A\left(1-\dfrac{1}{mE_A}\right)=c_A$ 可得 p_A 就越接近于 c_A,中间产品 A 利润加成的空间就越小,极限情况为 0。在这种情况下,下游部门 B 就能行使市场垄断力量,获取全部的巨额垄断利润。

(3) 上下游部门标准联盟。

当上下游部门在标准上达成联盟,共同制定和控制标准,则能在整个产品产业链中形成垄断,两个部门都有很强的市场势力,极端情况是 $m=n=1$,上游部门 A 和下游部门 B 都处于垄断地位。

根据前面的分析,两个部门产品的价格超过成本的利润加成都比较大,两部门都能获得垄断利润。具体利益的分配则取决于两部门在标准联盟中协议合约的具体规定。

2.3.2　标准竞争优势与分工利益分配

国际分工是指各国(地区)之间的劳动分工,它是一个国家(地区)内部社会分工发展和深化扩展至国际领域的结果。根据历史发展的脉络,国际分工依次经历了产业间分工、产业内分工和产品内分工,并进而细化到同类产品不同型号规格专业化分工、零部件专业化分工、工艺过程专业化分工。在这个过程中,产品的价值链被逐步细化分解,产品的比较优势具体到一个一个分解的特定节点与生产地点的融合,一个国家(地区)的比较优势更多地体现为整个价值链中某个或某几个特定节点的优势(张桂梅,2012)。而要在这个价值链中分配到更多的利益,则取决于对整个价值链标准制定和实施的控制权。

1. 基于价值链的国际分工模型

价值链是技术、原料和劳动融合在一起形成各种投入环节,然后通过组装,把这些环节结合起来形成最终产品,最后通过市场交易、消费、回收等最终完成价值循环的过程(Kogut,1985)。在这个过程中,生产只是许多增值环节中的一环。在同一个价值链中,各个环节并非创造等量的附加值,有高附加值环节和低附加值环节之分。将价值链的所有活动在全球范围内延伸就称为全球价值链。跨国公司根据价值链中各个环节不同的附加值增值状况与世界不同地区的比较优势相结合,在世界市场组织生产。

假定存在发达国家 1 和发展中国家 2 生产同一种产品,这种产品可以细分为足够多个生产阶段,在图中我们以横轴 x 来表示,$x \in [0, c]$。其中,阶段 0 表示研发阶段,阶段 c 表示销售阶段。生产这种品需要投入劳动 L 和资本 K,w_i 和 r_i 分别表示第 i 国劳动和资本的价格。两国根据各自在产品不同阶段的成本优势组织生产,各自的生产成本函数为(曾铮、张亚斌,2005):

$$C_1(w_1, r_1, x) = \theta^{-\theta}(1-\theta)^{-(1-\theta)} A_1^{-1} [w_1 L(x)]^\theta r_1^{1-\theta} \tag{2.29}$$

$$C_2(w_2, r_2, x) = \theta^{-\theta}(1-\theta)^{-(1-\theta)} A_2^{-1} [w_2 L(x)]^\theta r_2^{1-\theta} \tag{2.30}$$

式中 A_i 为内生于 i 国的资源禀赋和要素价格的综合技术指数。C 为生产环节 x 的连续函数。

图 2.8 中分别用 $C_1 C_1$ 和 $C_2 C_2$ 表示两国的成本曲线。从图 2.8 中可以看出,两条成本曲线相交于 a 点和 b 点,在 a 点之前和 b 点之后,国家 1 的成本比较低,而在 a 点和 b 点之间国家 2 的成本比较低,所以 a 点和 b 点就是两国之间分工的临界点。国家 1 的生产区段为 $(0, a)$ 和 (b, c),而国家 2 的生产区段为 (a, b)。两国的价值链成本面分别为:

$$C_1^V = \int_a^b C_1(w_1, r_1, x) dx \tag{2.31}$$

$$C_2^V = \int_0^a C_2(w_2, r_2, x) dx + \int_b^c C_2(w_2, r_2, x) dx \tag{2.32}$$

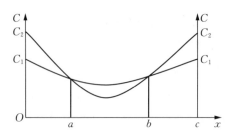

资料来源:作者根据曾铮、张亚斌(2005)修改绘制。

图2.8　基于价值链的国际分工模型

图 2.8 中两条成本曲线围成的区域可以看成是国际分工带来的超额利润,可以表示为:

$$S = \int_a^b [C_1(w_1, r_1, x) - C_2(w_2, r_2, x)] dx \qquad (2.33)$$

2. 标准与价值链中的利润转移

前面所述基于价值链的国际分工,实质上描述的是跨国公司在发达国家和发展中国家进行的国际分工,发达国家在附加值更高的研发阶段和销售阶段组织生产,而将产品的加工制造阶段放在发展中国家,然后通过核心技术和标准进行全球价值链治理。对于发展中国家来说,需要寻求自身价值链升级(或者叫价值链攀升)的途径和机会。

Kaplinsky 和 Morris(2001)、Humphrey 和 Schmitz(2002)认为,价值链升级的主要形式包括工艺流程升级、产品升级、功能升级和跨产业升级。曾铮、张亚斌(2005)提出了三种价值链攀升的方式:基于要素结构的价值链攀升、基于技术进步的价值链攀升和基于分工细化的价值链攀升。图 2.9 中国家 2 的成本曲线从 C_2C_2 变为 C_3C_3 表示的是基于要素结构的价值链攀升,从 C_2C_2 变为 C_4C_4 表示的是基于技术进步的价值链攀升,从 C_2C_2 变为 C_5C_5 表示的是基于分工细化的价值链攀升。

在价值链升级过程中,利润也随着价值链发生了转移,主要表现为五个方面:从产品的制造环节转向销售环节、从产品的销售环节转向消费环节、从价值链的中间环节转向上下游环节、从产品的内在环节转向外围环节、从产品的实体环节转向虚拟环节(李海舰、原磊,2005)。

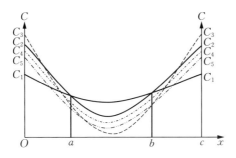

资料来源:作者根据曾铮、张亚斌(2005)修改绘制。

图2.9　基于要素结构与技术进步的价值链攀升

所以,长期处于价值链中低附加值的加工制造阶段的发展中国家应该将自身的价值链不断升级,将生产区间不断向两端延伸,更多地进入研发和销售阶段。要实现这种升级,除了改变要素结构之外,有两个基本途径:一是提高生产技术水平,二是制定标准。

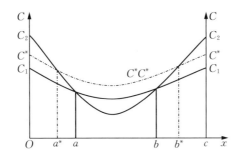

资料来源:作者根据曾铮、张亚斌(2005)修改绘制。

图2.10　国家2通过制定扩大生产区段和利润空间

发展中国家在不断提高生产技术水平的基础上,更多地自主制定相关技术标准,或者更多地参与相关技术标准的制定,才能在国际分工中获取更多的利益。

因为,当发展中国家掌握技术标准的主动权,或者在技术标准的制定中施加一定影响,将导致发达国家必须支付专利使用费、转换成本等,从而增加一定的生产成本。

当国家 2 通过制定标准,使得国家 1 的成本曲线由 C_1C_1 上升至 C^*C^* 的时候,它与国家 2 之间分工的临界点就变为 a^* 和 b^* 了,也就是说,国家 2 的生产区段就由 (a, b) 扩展为 (a^*, b^*) 了。国际分工带来的超额利润也变大了,即

$$S^* = \int_{a^*}^{b^*} \left[C_1^*(w_1, r_1, x) - C_2(w_2, r_2, x) \right] dx \tag{2.34}$$

显然, $S^* > S$。 更重要的是,原来由于发展中国家没有掌握技术标准,这部分利润可能更多地被跨国公司获取,而当发展中国家掌握了技术标准以后,它将通过标准获取更多的利益。

第3章

标准竞争优势的形成机制

一般而言,标准化机制有强制、合作、竞争、进化四种。所谓强制,就是通过标准化立法形成法定标准,强制要求相关利益方采用所制定的标准。所谓合作,就是通过产业标准委员会在合作商讨、一致同意的基础上形成标准,号召同类产品制造者、使用者采用所制定的标准,这些标准不存在法律上的强制性。所谓进化,就是在原有标准的基础上,因为所涉及的技术、使用环境等因素发生变化进行调整从而修改成新的标准。所谓竞争,则是在竞争市场中,针对同一个标的,同时存在几个不同的标准,通过公开竞争,最终选择一个成为市场共同遵守的标准,或者几个标准平行存在。

标准竞争是指两种或两种以上的个体标准争夺市场标准地位的过程。Schilling(1999)将标准竞争定义为在选择占优设计的过程中不同技术之间的竞争,这只是一种横向的标准竞争。Shapiro和Varian(1999)则认为标准竞争是不兼容的技术之间争夺市场支配权的战斗,既有横向的标准竞争,也有纵向的标准竞争,企业在标准竞争中通常采用的是先发制人或者预期管理策略。而国际标准竞争则是指标准竞争从一个国家的市场领域跨越进入国际市场领域,更多以一个国家,或者一个国家集团来作为竞争的主体出现。与传统的市场竞争不一样,低廉的价格、优越的性能、著名的品牌、完善的售后服务这些传统的竞争优势在标准竞争的过程中,都无法确保市场竞争优势。在一定程度上,传统的追求卓越性能、差异化产品属性甚至可能成为赢取标准竞争的障碍。只有安装基础、市场预期、技术产权、技术兼容,才是确保标准竞争优势的决定性因素。也就是说,要在标准竞争中获得优势并最终取得胜利,需要拥有足够的技术基础和市场基础。

3.1 标准竞争优势的技术和市场基础

3.1.1 技术优势是获取标准竞争优势的基础

先进的技术是赢得标准竞争的基本条件。无论是从标准化的历史来看，还是考察当前标准化的发展现状，都可以发现一个重要的规律，就是每一次标准化的大发展都与重大技术突破紧密相连。这与标准制定的最初目的相一致，就是要实现最优秩序。每一次技术创新和发展，都会引起标准问题，标准的竞争、标准的更替常常是技术变化之后的必然结果。新的技术不仅意味着要有新的标准，更是意味着新标准与旧标准之间的种种问题，或是竞争替代，或是兼容并存。随着越来越快的技术进步和越来越频繁的技术变革，同一个市场出现基本功能相同的不同技术标准的现象大大增加。如何在这纷纭复杂的竞争格局中，得到一个"最优的秩序"，就是标准竞争的真谛。

1991 年 ISO/IEC 联合发布的《标准化与相关活动的基本术语及其定义》给标准的定义是："由一个公认的机构制定和批准的文件。它对活动或活动的结果规定了规则、导则或特性值，供共同和重复使用，以实现在预定领域内最佳秩序的效益。"我国接受了这个定义，根据 GB/T2000.1-2002《标准化工作指南　第 1 部分：标准化和相关活动的通用词汇》中的定义，标准是"以科学、技术的综合成果为基础，以促进最佳的共同效益为目的"，也就是说，标准必须以一定的技术发展为基础。没有能"在一定范围内获得最佳秩序"的技术基础，显然是无法在标准竞争中取得优势的。

先进的技术优势可以帮助其成为标准，标准也可以维持技术领先地位。因为标准使得拥有先进技术的企业的竞争优势更加明显，同时更使其他技术落后企业的成长空间更加狭小、成长过程更加艰难。特别是在新旧技术更替的过程中,先发标准已获得的用户基础和后发标准的技术不确定性叠加在　起,可能导致市场产生过度惯性,让先发标准的优势得以更长时间的延续,而后发标准即使具有更加优异的技术性能也不能很快替代原有的标准。因此,后发标准必须具有足够的技术优势,以及适宜的市场环境,才能赢得标准竞争,最终替代原有的标准。

3.1.2　标准竞争中获胜的并非全是最优技术

尽管最优技术能够在技术上获得更多的支持,但决定其是否成为标准还取决于很多其他因素,比如市场基础,比如技术发展的预期,以及最优技术本身的成熟程度和商业化程度。因此,在标准竞争中获胜的并不一定全是最优技术。

先发技术获得的用户基础及其产生的网络效应、转换成本的存在、严格的知识产权保护制度等等因素,使得消费者可能选择次优技术而非最优技术,或者过度依赖旧标准而不愿意接受技术更先进的新标准。例如,在无线局域网标准Wi-Fi与WAPI的竞争过程中,尽管WAPI的安全性技术要比Wi-Fi更优异,在政策上也获得了我国政府的大力支持,后来也被接受为国际公认的无线局域网标准之一,但是因为Wi-Fi拥有非常成熟的商业化途径,比WAPI更早被纳入到国际公认的技术标准之中,通过标准锁定技术,进而通过技术锁定市场,并且辅之以完善系统的配套产品与技术服务体系,培养出了一批使用Wi-Fi的忠实消费群体,WAPI最终被一步步挤出了无线局域网市场。

标准竞争还可能导致技术水平降低。在不完全信息条件下,由于“柠檬市场”效应,买方与卖方之间的信息不对称可能导致市场失灵,最优技术不可能成为市场标准,而只能由政府来规定产品进入市场的强制性最低质量标准。如果有来自两个国家、执行不同质量标准的产品在同一个市场竞争,在地方社会福利最大化的前提下,为了降低本国产品的生产成本,提高本国产品的市场占有率,政府倾向于对本国产品制定比较低的质量标准(熊红星,2006)。

3.1.3 标准竞争优势的市场基础

判断是否取得标准竞争胜利、获得标准竞争优势的唯一标志就是这个标准是否被市场最大范围内认可、接受和使用。而达到这个目标,除了技术基础这个最核心的因素之外,市场基础则是另一个极其重要的因素。没能找到合适的商业化路径、构筑起足够的市场和用户基础,是国外学者评价我国标准竞争失利的主要原因。凭借足够的市场优势,包括市场增长、产品升级、后向兼容、转换成本、知识产权保护政策,等等,落后的技术有机会战胜先进技术而成为市场标准,后发标准也有机会提前取代旧的标准。

在标准竞争中,除了技术因素之外,经济学家注意到的另一个因素就是标准的网络外部性。自从 Rohlfs(1974)最早开始研究网络外部性以后,Farrell 和 Saloner(1985)、Katz 和 Shapiro(1994)等都深入分析了用户基数通过对产品效应产生影响所形成的网络外部性,以及网络外部性与市场均衡、技术创新和产品兼容性之间的关系。Clements(2000)在分析网络外部性对 ICT 产业标准化的影响时,区分了直接网络效应和间接网络效应,并分别考察了硬件和软件的品种价值、消费规模和产品兼容性在标准化中的不同作用。因为网络外部性的存在,企业在初期用"倒入定价策略"最大限度地吸引用户,以克服用户网络增长面临的"启动"问题(Katz and Shapiro, 1985)、邀请竞争者进入市场以扩大网络(Arthur, 1989)或者在激烈竞争中为把用户留在自己的网络中而进行创新预告(Farrell and Saloner, 1986)。不过,学者们对标准的网络外部性在国际标准竞争的作用所给予的关注还不是很多。熊红星(2006)注意到了国内巨大的市场容量所产生的网络效应能提高中国标准在国际市场的竞争力,但没有进一步深入。

标准获得市场的具体表现是让消费者选择这一标准,尽量多、尽可能快地积累用户,其主要途径有两个方面:

一是先发制人,率先进入市场,先于其他竞争标准让消费者认可、接受和选择,迅速占领市场,并通过不断的正反馈效应,将消费者稳定下来,产生"赢家通吃"的效果。为了实现这个目的,厂商可能在质量上选择"合适市场需求"的产品而不是最好的产品投放市场;或者采取渗透定价、高强度营销推广、免费赠送使用等强势进攻性促销手段;甚至会采取向用户付钱的负价格方式来抢夺用户。

二是预期管理,让消费者对产品的未来充满信心,并愿意选择使用。管理预期最常用的一种方法是组建联盟,与其他厂商进行技术兼容,包括制造商、分销商和软件开发商,等等。每一个联盟厂商都是一次扩大自身安装基础、排除竞争对手的重要机会。例如,互补产品的捆绑销售提高产品和标准的兼容性,提高了组合产品质量稳定性,但也加剧了市场不完全竞争状态。同时,厂商也经常通过产品预告、产品教育与演示的方法来宣扬产品在将来的普及程度,降低竞争对手对市场的影响力,甚至是"虚张声势"来吓退竞争者,为自己的产品上市赢得时间。

在标准竞争的过程中,市场不仅不排斥价格、品牌、质量、售后服务等其他竞争手段,而且会实现良好的互动。价格、品牌、质量和售后服务方面的优势对赢得标准竞争非常有帮助,而标准竞争的胜利则能进一步巩固和放大这些优势,进一步提高抵御竞争的能力。当然,若标准在竞争中失败,价格、品牌、质量和售后服务方面的优势也会随之流失。

在市场竞争中,标准可以作为市场进入的壁垒,帮助在位企业维持垄断地位,获得超额利润。在国际贸易中,标准也经常被作为国内市场的进入壁垒,来保护和扶持国内的民族产业。而发达国家则利用自身技术和市场的双重优势,来主导国际标准的制定、修改,以实现其独占核心技术、控制世界市场的目的。更重要的是,发达国家将标准作为国际治理的一个重要工具,组织国际分工,构建国际经济秩序,控制整个国际生产与贸易的价值链各个环节,参与国际市场中贸易与投资的利益分配。

3.2　国际标准竞争的大国效应模型

在实践中,每一个具体的行业标准大战都直接表现为企业层面上的竞争,标准竞争的直接主体就是技术的发起者或者产品的生产者。而由于垄断厂商或者寡头厂商在地理上表现出的非均匀分布特点,企业层面上的竞争极易导致国家、地区利益的不平衡,并进一步引起国家、地区层面的竞争。而大国效应原是一个国际经济学中概念,当某个国家的某种产品的需求或者供给的变动,对这个产品的国际市场价格产生明显的影响时,就说这个国家在这种产品上是一个大国。这种大国效应经常出现在国际贸易条件的研究中,比如李晓钟、张小蒂(2004)对中国粮食等产品的贸易条件的研究。随着我国经济的迅速增长,特别是我国在国际贸易中的地位迅速提升,大国效应已经超出了国际贸易范围,上升到了发展战略高度。俞炜华、秦波涛(2006)提出要在运用比较优势发展战略中更多考虑大国效应。欧阳峣(2006)设计了一个基于大国综合优势的中国对外投资战略模式。张亚斌、易先忠(2007)构建了一个不均质大国对外贸易增长方式,来解决当前我国对外贸易发展模式中的问题。侯俊军、曹云菡(2008)在国际标准竞争中引入了大国效应的概念。张米尔、游洋(2009)进一步将大国效应引入到标准创立过程中,并从发展中大国技术发展的后发优势、多元化的市场需求和巨大的本土市场三个方面来分析大国效应对自主标准创立的作用机制。本节将在这些文献的基础上,进一步说明大国效应对国际标准竞争的作用机制。

3.2.1　国际标准竞争中大国效应的作用机制

标准竞争中的大国效应是基于标准的网络外部性而提出的。标准的网络外部性是指随着用户基数的扩大,其市场价值也随之提高。我们可以将它表示为:$U = r + v$,其中,U 为标准的市场价值,r 为用户对标准的价值评价或者用户眼中的产品价值,是标准所达到的技术水平 t 的增函数,即 $r = r(t)$,$r'(t) > 0$;v 为标准的网络外部性价值,是用户数量 n 的增函数,$v = v(n)$,$v'(n) > 0$。设符合标准要求的产品市场价格为 P,只有当 $U > P$ 时,消费者才会选择这种产品。

假定存在两个国家 1 和 2(后简称 1 国和 2 国),$n_1 + n_2 = n$,各自的产品都是按照本国的标准进行生产的,两个国家之间不存在贸易障碍,两个国家的消费者可以根据自己的偏好,自由方便地选择本国或对方国家的产品,P 为自由贸易时的市场价格。

1. 基本模型 $v_1 v_2$

假定两国技术水平相等 $t_1 = t_2$,用户基数相同 $n_1 = n_2 = n/2$,两国出现相同的技术标准和相同的网络效应,消费者获得的标准的市场价值与其市场价格相等,即 $U = P$。

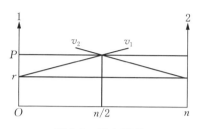

图 3.1　基本模型

2. 两国技术水平相同,但 1 国的用户基数比 2 国大

这种情况即 $t_1 = t_2$, $n_1 > n_2$, $n_2 = n - n_1$,将会出现 $U_2 < P < U_1$,即由于用户基数的变化,1 国的消费者获得的市场价值增加,且高于市场价格,而 2 国的市场价值下降,且低于市场价格。这样的情形将导致更多的消费者选择 1 国的产品,1 国的产品也将更多地进入 2 国的市场。于是,1 国的标准将逐渐将 2 国的标准挤出市场。

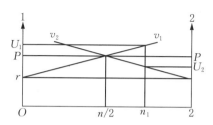

图 3.2　两国技术水平相同,但 1 国的用户基数比 2 国大

3. 两国技术水平相同,但 1 国的用户基数比 2 国小

这种情况即 $t_1 = t_2$、$n_1 < n_2$、$n_2 = n - n_1$,将会出现 $U_1 < P < U_2$,从而得到

与图3.2相反的结论,即1国的标准将逐渐被2国的标准挤出市场。

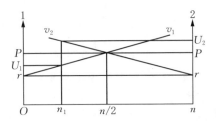

图3.3　两国技术水平相同,但1国的用户基数比2国小

4. 两国的用户基数相同,但1国的技术水平低于2国

当 $n_1 = n_2 = n/2$、$t_1 < t_2$,那么1国的标准基于技术的价值将下降,消费者认同的产品市场价值也将下降,并低于市场价格,即 $U_1 < P$,但2国的标准的市场价值仍然和其市场价格相等,即 $U_2 = P$,所以消费者将更多地选择2国的产品,2国的产品也将更多地进入1国的市场。于是,2国的标准将逐渐将1国的标准挤出市场。

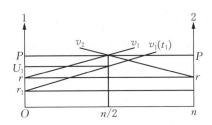

图3.4　两国的用户基数相同,但1国的技术水平低于2国

5. 1国的技术水平和用户基数都低于2国

当 $n_1 < n_2$、$t_1 < t_2$,那么市场将会强化第4种情况的结果,1国的标准在基于技术的价值下降的同时,其网络外部性价值也将下降,这将导致1国的标准和产品更快地被挤出市场。

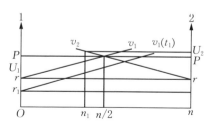

图 3.5　1 国的技术水平和用户基数都低于 2 国

6. 1 国的技术水平低于 2 国,但 1 国的用户基数大于 2 国

当 $n_1 > n_2$、$t_1 < t_2$,此时将出现一个比较复杂的情况,如图 3.6 所示。

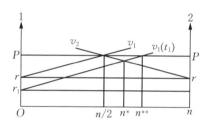

图 3.6　1 国的技术水平低于 2 国,1 国的用户基数大于 2 国

图 3.6 中 n^* 为在 $t_1 < t_2$ 的条件下使两国标准的市场价值相等的 1 国的用户基数,n^{**} 为在 $t_1 < t_2$ 的条件下使 1 国标准的市场价值等于市场价格的 1 国的用户基数。

当 $n/2 < n_1 < n^*$ 时,$U_1 < U_2 < P$,两个国家标准的市场价值都小于市场价格,但 1 国标准的市场价值小于 2 国标准的市场价值,2 国标准有获胜的趋势;当 $n^* < n_1 < n^{**}$ 时,$U_2 < U_1 < P$,两个国家标准的市场价值仍然都小于市场价格,但 2 国标准的市场价值小于 1 国标准的市场价值,1 国标准有获胜的趋势;当 $n^{**} < n_1$ 时,$U_2 < P < U_1$,1 国标准的市场价值由于用户基数的扩大高于市场价格,而 2 国标准的市场价值将小于市场价格,所以 1 国的标准会将 2 国标准挤出市场。

7. 两国的用户基数相同,但 1 国的技术水平高于 2 国

当 $n_1 = n_2 = n/2$、$t_1 > t_2$,此时 1 国标准基于技术的价值将提高,其市场价

值也将提高,1 国标准将在竞争中获胜。

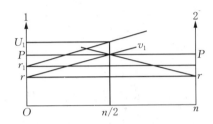

图 3.7　两国的用户基数相同,但 1 国的技术水平高于 2 国

8. 1 国的技术水平高于 2 国,1 国的用户基数小于 2 国

当 $t_1 > t_2$、$n_1 < n_2$,这将和第 6 种情形一样,出现一些复杂的情况,如图 3.8 所示。

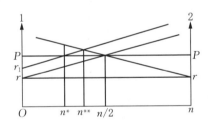

图 3.8　1 国的技术水平高于 2 国,1 国的用户基数小于 2 国

图 3.8 中 n^* 为在 $t_1 > t_2$ 的条件下使 1 国标准的市场价值等于市场价格的 1 国的用户基数,n^{**} 为在 $t_1 > t_2$ 的条件下使两国标准的市场价值相等的 1 国的用户基数。

当 $n_1 < n^*$ 时,$U_1 < P < U_2$,1 国标准的市场价值小于市场价格,也小于 2 国标准的市场价值,1 国标准将被挤出市场;当 $n^* < n_1 < n^{**}$ 时,$P < U_1 < U_2$,两个国家标准的市场价值都高于市场价格,但 1 国标准的市场价值小于 2 国标准的市场价值,2 国标准有获胜的趋势;当 $n^{**} < n_1 < n/2$ 时,$P < U_2 < U_1$,两个国家标准的市场价值都高于市场价格,但 1 国标准的市场价值大于 2 国标准的市场价值,1 国标准有获胜的趋势。

9. 1 国的技术水平和用户基数都高于 2 国

即 $n_1 > n_2$，$t_1 > t_2$，那么市场将会强化第 7 种情况的结果，1 国的标准在基于技术的价值提高的同时，其网络外部性价值也进一步提高，这将导致 1 国的标准和产品更快地将 2 国的标准和产品挤出市场。

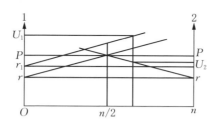

图 3.9　1 国的技术水平和用户基数都高于 2 国

从以上 9 种不同情况来看，最佳情形当属第 9 种，即技术水平和用户基数都高于其他国家，这时能够毫无悬念地在国际标准竞争中获取胜利，但对于发展中国家来说，这样的情形毕竟不多见。

如果科学技术与其他国家处于同一发展水平上，发展中国家要在国际标准竞争中取胜，可以通过扩大本国标准的用户基数、扩大其网络外部性价值来提高其市场价值，以争取有利的市场地位，如前述第 2 种情形。

而当发展中国家的技术水平比其他国家低时，只要其消费者规模能达到使其市场价值大于市场价格，仍然有机会在国际标准竞争中获取胜利，如前述第 6 种情形。

发展中国家的技术水平在高于其他国家时，如果其消费者规模达不到使其市场价值大于市场价格的规模，也可能在国际标准竞争中失败，如前述第 8 种情形。

综合以上情形，可以发现除了技术水平以外，一个国家标准的用户基数的大小也可以影响其国际地位。这种情形非常类似于国际贸易中的大国效应——某国在某种产品上的供求变化足以影响其国际市场价格，则称该国为这个产品的大国，反之则称为小国。所以，我们将标准的这种效应也称为标准的大国效应。

3.2.2 国际标准竞争中大国效应的政策效应

从前面的理论分析可以看出,用户基数和技术一样能够影响国际标准竞争的结果。发展中大国基于其庞大的消费者基础,可以发挥其国内标准的"大国效应",取得国际标准竞争的有利地位。所以,在参与国际标准竞争中,我国除了要不断提高科学技术水平以外,还应该注意充分利用我国庞大的消费者群体,扩大我国标准的用户基数,提高其市场价值,加大在国际标准竞争中的分量和自主权。

具体地,可以从以下两个方面进行:

(1)加强标准的国内用户基数的建设。国内消费者是国内标准的最大用户基础,要让他们发挥国内标准的网络外部性,提高其市场价值,必须改革现在国内标准缺乏或者有标准但混乱的局面。首先,是要统一国内标准。比如,针对同一产品出台不同部门的标准,而不同标准之间又互不统一,甚至互相矛盾。这种情况实质上是在分割国内标准的用户基础,非常不利于国内标准网络外部性的发挥。其次,要强化标准的实业基础。没有实业生产能力作基础,标准竞争将非常不利。同时,以低价格、优良的辅助供应和政府等途径,给予消费者良好的市场预期,坚定其选择国内标准的信心。

(2)加强标准的国外用户基数的建设。国内标准的用户基数不应该局限在国内消费者身上,还应该积极争取国外消费者成为国内标准的用户。比如,通过扩大国内标准的"出口",即出口按照国内标准生产的商品、符合国内标准要求的技术贸易或技术援助、对外投资等方式让国内标准走出国门。同时,还可以积极开展区域合作,组建以本国标准为基础的国际标准联盟,争取到国外更大范围的用户基数,降低本国标准的国内用户基数压力。如图 3.10 所示,如果通过标准"出口"措施,使得本国标准能在国外获得一定的用户 OO',本国原点向左移动至 O',则使本国标准战

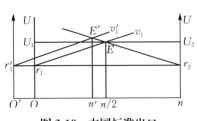

图 3.10　本国标准出口

胜外国标准的最低国内用户基数从 $n/2$ 降低全 n'。

3.3　国际标准竞争中的政府作用

因为不完全信息、网络外部性、需求方规模经济和公共物品的性质,标准竞争存在市场失灵的时候,具体的表现包括过度标准化和标准化不足、过早的标准化和过时的标准化、过度竞争与标准大战、过度惯性和过度转换、非最优技术锁定,等等。这些市场失灵的问题,同样存在于国际标准竞争。因此,为了赢得国际标准竞争,获得对外贸易与投资中的标准竞争优势,必须要有本国政府的适当干预。

3.3.1　国内市场标准竞争中的政府干预

假定针对同一个产品存在技术要求不一致的本国标准与外国标准。在国内市场可能有三种竞争局面:本国标准唯一存在、外国标准唯一存在、两种标准同时存在。如果本国标准的技术水平高于外国标准,且国内消费者已经形成对高质量产品的消费偏好;或者本国标准的技术水平不高于外国标准,但国内消费者已经形成对民族标准的消费偏好,那么本国标准将在国内市场赢得竞争,政府干预在此时没有必要出现。其他的情形中,如本国标准技术水平低于国外标准,且本国消费者没有形成对民族标准的消费偏好,则本国标准想要赢得竞争,就必须本国政府进行干预。

图 3.11 中,实线表示按本国标准生产的产品,虚线表示按外国标准生产的产品。因为外国标准拥有更多的用户基数,所以其需求曲线 D_w 和边际收益曲线 MR_w 都处于本国标准的需求曲线 D_h 和边际收益曲线 MR_h 的右边。假定边际成本一致,都是 MC,则按照本国标准和外国标准组织的最优生产规模分别 Q_h 和 Q_w,可以看出,采用本国标准的消费者剩余 AE_hP_h 小于采用外国标准的消费者剩

余 AE_wP_w ,采用本国标准的厂商的生产者剩余 $P_hE_hB_hC$ 也小于采用外国标准的厂商的生产者剩余 $P_wE_wB_wC$ 。在这种情形下,本国应该放弃本国标准而采用外国标准。

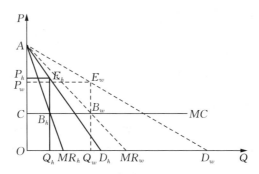

图3.11 本国标准与外国标准在国内市场的竞争

而采用本国标准可能存在两种情况,一种情况是本国厂商放弃生产,直接进口国外的产品,或者由国外厂商在本国进行生产,这意味着本国厂商将要放弃本国市场。另一种情况是本国厂商放弃本国标准而按照外国标准进行生产,或者开发出与外国标准兼容的技术,这将使得本国厂商在从本国标准转换到外国标准的过程中产生转换成本,以及其后在产品技术选择上主动权的丢失。无论是第一种情况,还是第二种情况,本国厂商都不会接受。但本国厂商没有足够的技术实力和市场基础来对抗外国标准,这就需要政府来给本国厂商以支持和保护,通过关税、技术性贸易壁垒(TBT)等方式将外国标准阻挡在外,将本国市场留给本国标准。或者本国政府通过行政力量,迫使外国标准进入本国市场时,要与本国标准兼容。

一旦本国标准在政府支持和保护之下,经过一段时间,获得技术和市场两个方面的竞争力,则按照战略性贸易理论,本国标准将提升国际竞争力,并获得超越外国标准的机会。当然,要实现这个目标,前提是本国厂商能够在政府干预的情况下,尽快提升技术水平和市场份额,也就是要具有可保护性。

3.3.2　基于消费者预期的政府干预

消费者选择标准,不仅看本国和外国竞争标准之间现在的技术水平和市场份额,还要看各自在未来的发展趋势。在其他条件不变的情况下,如果本国政府能采取一定措施,使本国消费者相信,本国标准会有更大的技术提升和市场扩展,那么,消费者将更加确定选择本国标准。

骆品亮、殷华祥(2009)构建了一个国内标准竞争两阶段动态博弈模型,其中的消费者预期同样适应于本国标准和外国标准之间的竞争。同样假定国内市场针对同一个产品存在技术要求不一致的本国标准与外国标准。国内消费者在第一阶段都已经选择了国内标准,在第二阶段存在着竞争,既可能继续选择国内标准,也可能选择国外标准。

消费者在这个过程中的效应函数为:

$$U_{hw} = k(n_1^h + n) + U_h + U_w - p - s \tag{3.1}$$

$$U_{hh} = k(n_1^h + n) + 2U_h - p \tag{3.2}$$

式(3.1)表示消费者在第一阶段选择国内标准而第二阶段选择外国标准,其效应 U_{hw} 包括网络外部性、产品基于技术的价值、产品成本 p、转换成本 s。其中 k 为网络外部性系数,n 为消费者规模,U_h 和 U_w 分别为本国标准和外国标准的技术价值。式(3.2)表示消费者在第一阶段和第二阶段都选择国内标准,相比第二阶段选择外国标准,消费者不用承担标准变化中产生的转换成本 s。但是,如果外国标准的技术价值足够高,能够承担转换成本,即 $U_w > (U_h + s)$,消费者仍然会选择外国标准。

这时,政府进行干预,在国内明确告知消费者,会限制外国标准,或者支持本国标准,使消费者形成强烈的预期,则本国消费者会毫不犹豫地选择本国标准。这种预期包括两个方面,一是技术进步,政府通过干预给按国内标准组织生产的厂商足够的时间发展技术,使其产品的技术价值尽快地提高,达到 $U_h > (U_w - s)$

的水平;二是转换成本,政府通过征税等方式让消费者选择国外标准付出更高的成本,使其达到 $s > (U_w - U_h)$ 的程度。

3.3.3 基于扩大出口市场的政府干预

按照本国标准生产的产品在出口的时候,如果能得到政府支持,将有更强的国际竞争力。以出口补贴为例,政府的支持能迅速降低厂商的生产成本,扩大最优生产规模。

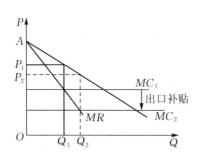

图 3.12 本国标准出口中的出口补贴

在图 3.12 中,出口补贴使按照本国标准生产的产品得边际成本从 MC_1 下降到 MC_2,最优生产规模从 Q_1 增加到 Q_2,而均衡价格却从 P_1 下降到 P_2,这让本国标准具有更强的国际竞争力。

3.3.4 标准竞争中政府干预的途径

前面几种情况中,本国标准要赢得竞争,在一些条件下,需要政府的积极干预,为本国标准赢得市场发展空间和技术发展的时间。政府可能的干预途径包括以下几个方面:

(1) 在国内市场明确支持本国标准的态度,鼓励消费者和互补产品厂商使用本国标准;在政府采购中,通过示范性的使用本国标准,明确支持本国标准,以关键用户的身份来减少消费者预期的不确定性,坚定消费者对本国标准的预期。

(2) 鼓励本国企业加强技术创新,将自主知识产权写进标准,帮助本国企业在国际标准竞争中尽快提高技术水平。鼓励本国企业和国际市场上的合作伙伴组件技术合作联盟,共同开发国际标准,既能提升标准的技术水平,也能提升其国际化程度。

(3) 设置关税或者 TBT,阻止国外技术标准及其产品的进入,给本国标准的快速发展赢得足够的市场空间和时间。

（4）设置专门的出口退税等支持措施，或者再现有出口退税政策中引入标准出口内容，鼓励按照本国标准生产的产品出口，为本国标准赢得更大的市场。

3.4　产品设计模块分工与国际标准竞争

随着发展中国家技术水平的整体提高、技术人才的迅速增加，特别是对创新产品的市场需求的扩大，发达国家越来越多地将其与发展中国家的分工合作从简单的生产分工逐步提升为研发分工和产品设计模块分工，这为发展中国家通过标准竞争来提升国际分工利益分配能力提供了新的渠道和机会。

3.4.1　产品设计模块分工的演进

国际分工经历了从生产链分工到价值链和价值模块分工的过程，这对发达国家和发展中国家企业的竞争力产生了深远的影响。在价值模块分工中跨国公司一般是充当模块系统集成商的角色，通过制定技术标准与独占核心模块技术和生产来形成以之为核心的全球模块化生产网络，强化其在国际分工中的主导地位；而发展中国家的企业一般充当模块化零部件供应商，通过向发达国家供应模块化的零部件或者组装模块来嵌入到全球模块化生产网络中，与发达国家的跨国企业相比处于明显的从属地位。价值模块分工理论将产品的价值链分为产品的设计、零部件生产、模块化零部件生产、组装、销售、售后服务等环节。发展中国家一般从事模块化零部件生产和组装，处于价值链的低端，而发达国家则主要从事产品的设计、销售和售后服务，处于价值链的高端。但是，近年来这种情况逐步发生了变化，发展中国家的企业逐渐参与到发达国家跨国企业新产品的开发设计中，使产品设计模块分工进一步深化，即所谓的产品同步开发。产品同步开发模式是指模块系统集成商开发设计新产品时,将产品按照不同的功能分为不同的模块空间,各模块化零部件供应商在既定的模块空间下实现该产品的模块化性能,双方同时参与产品的设计与协调直至整个产品性能完全实现。这种模式下使得产品的设计模块分工进一步深化,作为模块系统集成商的发达国家企业主要从事产品原始设计和产品的模块分解与集成,而作为模块供应商的发展中国家企业则主要从事自己优势模块的开发设计。发展中国家的企业可以通过参与到产品价值链的高附加值的设计环节而扩大自己的利润空间,这就给其寻求自身价值链升级提供了机遇。

产品设计模块分工的进一步深化导致规则设计者和模块设计者之间的作用关系不再是单向的,而是朝着双向相互影响的方向发展,这就导致管理体制和组织结构发生相应的变化,这使得传统的垂直层级式的结构不再适合,取而代之的是横向联结的网状结构。

规则设计者和模块设计者之间对设计规则的影响演进可以归结为单向领导型、双向主导型和多方双向主导型三种类型。

单向领导型是典型传统式的产品模块化分工,不存在设计模块内部分工。在这种类型中,设计规则完全由规则设计者事先制定,通过主导核心模块的设计来控制各个辅助模块的规则设计,而模块设计者充当的仅仅是模块制造者的角色,是在规则设计者制定的模块技术标准信息界面的约束下开展各自的生产,更为确切的说,这只是一种代工行为。各模块设计者对设计规则不产生影响,系统环境变化后只有规则设计者才有权根据需要改变系统信息,重新制定设计规则。也就是说,规则设计者是模块技术标准信息的制定者,处于模块化生产的领导地位,相反,模块设计者只是被动地接受技术标准信息并按照其要求进行生产,处于模块化生产的从属地位,这种类型本质上属于产品模块化。

双向主导型与单向领导型一样,设计规则由规则设计者预先制定,各模块设计者在技术标准信息界面约束下展开各自的独立活动。唯一不同的是在规则设计者与各模块设计者之间或者模块设计者之间存在系统信息的交流,使得模块设计者可以将变化的模块信息反馈给规则设计者,规则设计者根据变化的系统环境重新制定设计规则。也就是说,虽然规则设计者仍然主导技术标准信息的制定,但是,模块设计者不再只是被动的接受技术标准信息,而是可以根据实际情况的变化改变规则设计,从而影响到规则设计者技术标准信息的制定。这一个类型下模块设计者和规则设计者与设计规则之间存在相互影响的作用关系,具备了真正意义上的设计模块化,是设计模块分工的雏形。

多方双向主导型下,规则设计并不完全由规则设计者完成,而是由规则设计者和模块设计者共同参与制定,规则设计者只负责核心模块的规则设计,对辅助模块的设计只规定空间大小和制定相应的功能标准,而将模块设计的主导权完全分离出去,交给模块设计者自主完成。在多方双向主导型下,一般存在多个模块设计主体同时从事同一模块的设计和生产,而且也存在多个规则设计者。各模块设计者根据规则设计者确定的有限的系统信息,独立处理模块内信息,从事模块内设计、生产和优化,但是各模块设计者发出的"看得见的信息"不一定是相同的。这些异化的信息由规则设计者根据系统需要进行比较、解释、选择等活动,来确定最优的模块组合并融入到核心模块的设计中,形成对整体规则的整合,最终形成系统。在这种类型下,功能标准的出现使得核心模块和辅助模块设计权完全分离,模块设计者获得了模块内完全的自主权,从而使得自身不再是被动的接受规则,而是共同参与到整个规则设计的标准的制定过程中,具有足够的自主权,而设计者的标准信息或者只能间接影响标准信息的制定。

表 3.1　产品设计模块分工的角色分工

类　　型	规则设计者	模块设计者
单向领导型	事先制定设计规则,制定模块技术标准	模块制造,对规则设计没有影响,被动接受标准信息
双向主导型	事先制定设计规则,制定模块技术标准	与其他模块设计者、规则设计者交流,反馈模块变化信息,影响标准制定
多方双向主导型	与模块设计者共同制定设计规则,负责核心模块规则设计,规定辅助模块空间大小,制定功能标准	与规则设计者共同制定设计规则,负责辅助模块规则设计

3.4.2　标准在产品设计模块分工中的作用

在设计模块分工未深化之前的产品模块化阶段,模块集成商主要通过制定设计规则和技术标准对各模块供应商实现产业链控制。这些技术标准是由一系列的专利集合而成,客观上使得技术标准成为一个容纳多种技术专利的系统,在这个系统里的技术标准被人们划分为核心标准模块、外围标准模块和边缘标准模块。尽管这些标准模块都是指导产业发展的技术规则,但它们在产业价值链中的利润分配却存在很大差异,其中核心标准模块往往是产业的高附加值区,发达国家的跨国企业通过占据这些模块而分享到整个产业的大部分利润。因此,技术标准在实践中已经成为产业内不同国家之间企业利益分配的工具,它使得产业利益分配朝先行的发达国家的企业倾斜。使用这些知识产权的成本越来越高昂,后发的发展中国家企业的生存状况越来越困难,并造成发展中国家利用低成本制造优势的企业在产业中的地位也越来越低,制造优势被标准优势无情地吞噬,在这样的背景下功能标准的出现将起着有效协调产业内利益分配关系的作用。

当企业进入产业而必须为技术标准付出高额的使用费时技术标准的分配功能才是显著的,但作为追求多样性与效率性统一的功能标准,其却在一定条件下是排斥技术标准的垄断性的。这是因为设计模块分工的深化使得模块化部件的生产设计成为一个相对独立的子系统,模块供应商不再是接受模块集成商既定的技术标准,而是在功能标准的约束下在自己的专业领域内进行独立自主的创新活动,同时将自己的技术标准融入到整个产品中去,共同参与整个产品标准的制定。这就打破了模块集成商垄断整个技术标准制定的局面,而使得整个产品开发过程中的合作性加强,两者实质上是合作共赢的关系。另一方面,功能标准的约束作用在很大程度上是解决模块化零部件之间的兼容性和互换性问题,相比以前的技术标准,功能标准的出现使得模块集成商控制模块供应商的程度出现弱化。因此,以功能标准为基础的设计模块分工的进一步深化有利于打破技术标准下的产业内非均衡利润分配格局,给发展中国家提升利润空间和产业升级提供了机遇。

对于发达国家而言,设计模块分工的深化使其散失了模块设计主导权,从而利润的来源方式减少了;功能标准的出现也使得发达国家散失了标准制定的绝对主导权,利润分配中占据的绝对优势地位也被弱化。但是,发达国家通过控制核心模块独占技术以及成为系统集成商的方式占据着利润分配的有利地位。

一方面,发达国家跨国公司通过制定功能标准成为系统集成商,实现高额利润。跨国公司模块产品的创新能力很强,在模块网络中处于领导者位置。通过价值模块的分割,制定界面的接口标准与功能标准,实行价值模块外包,并允许其他企业在相同功能模块上实现竞争,使自己成为模块系统集成商。根据 Sturgeon(2001)的“能力聚集效应”(capacity pooling effect)理论,具备竞争优势的模块系统集成商能与优质的模块供应商结合起来,把自己的创意转化为产品;而模块供应商也会选择有品牌优势的模块系统集成商进行合作。于是在品牌竞争中获胜的模块系统集成商就可以形成较高的产业组织利润。在电脑产业中,戴尔、惠普等跨国公司,并不生产芯片,也不生产主板,但作为系统集成商,它们具有强大的整合能力和品牌知名度,从而获得较大的市场占有率和较高的利润回报。

另一方面,跨国公司通过核心模块的独占技术获得垄断利润。模块化与模块化生产技术,有利于跨国公司发挥资本和技术优势,在模块分工中居于有利地位。对于技术溢出效应明显且竞争相当充分的价值模块,跨国公司往往会选择放弃或者进行外包,跨国公司主要选择价值模块网络中技术门槛较高、其他企业难以拷贝的价值模块,在独占技术的优势下,实现这一类模块产业的高市场占有率,获得一定的垄断利润。如英特尔公司,它不生产电脑,却通过提供核心模块芯片,获得较高利润。电脑产业中 70% 左右的电脑芯片都来自英特尔公司,而且在芯片生产领域英特尔和超微公司形成了较高的专利门槛,将大部分企业阻挡在外,从而获取垄断利润。

对于发展中国家而言,设计模块分工的深化使其得到了获取更多利益的机会。在价值链的国际分工模型中,发达国家和发展中国家基于各自的成本优势,分别在不同的生产区段进行国际分工而获得贸易利益。具体而言,发达国家的生产区段主要集中于 (O, a) 和 (b, c) 即研发设计和销售服务环节,而发展中国家的生产区段主要集中于(a, b)即组装生产环节。在这种分工模式下,发展中国家长期处于价值链低端,在产业利润分配中处于不利地位。

然而,模块化生产方式的盛行给发展中国家的企业提供了嵌入国际价值链的机会,它们不断在模块化分工中经过干中学和自主创新,逐步积累模块设计能力,模块设计的成本也不断降低,形成了特定模块设计的比较优势,从而迫使发达国家将模块设计权剥离出来。这种设计模块分工的深化使功能标准的作用凸显,在功能标准的约束下产品同步开发模式应运而生,这种开发模式使得发展中国家共同参与了产品标准的制定,更多地掌握了标准制定的主动权;同时又削弱了技术标准下必须支付专利使用费等成本,从而带来成本上的节约。

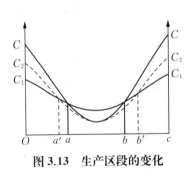

图 3.13　生产区段的变化

设计能力的提升以及参与标准制定所带来的成本的节约,使得发展中国家的成本曲线出现扁平化的趋势。如图 3.13 所示,发展中国家的成本曲线会由 CC 曲线变为 C_2C_2 曲线,这时发展中国家参与国际分工的临界点就变为了 a' 和 b',也就是说,发展中国家的生产区段就由原来的 (a, b) 扩展到 (a', b'),延伸到了设计环节和销售服务环节;同时发展中国家的利润也得以增加,这就为其实现价值链的升级提供了机遇。

3.4.3　发展中国家承接模块设计权的实现路径

1. 承接发达国家模块化外包,嵌入国际产业价值链

随着汽车、机电制造、IT 产业等诸多产业模块化实践的发展,20 世纪 90 年代以后世界进入到了模块化时代,西方发达国家面临产业结构战略性调整的客观要求。为了在全球范围内合理配置资源,需要将产业链中已不具备竞争优势的制造等低附加值的模块进行外包。同时各主要发展中国家的国际市场开放程度逐渐扩大,正需要适时抓住全球化的历史机遇,进入全球产业分工体系,促进国家内产业结构的优化调整。因此,发展中国家充分发挥自身在廉价劳动力资源或自然资源等方面的比较优势,积极承接来自发达国家的模块化外包。通过为发达国家跨国公司进行配套模块的生产与组装或代工(即OEM),从而从低端切入国际产业价值链,这为发展中国家赢得产业发展和产业升级创造了机遇。

2. 干中学与自主创新相结合,形成模块内竞争优势

发展中国家在承接模块化外包时,发达国家虽然控制着核心模块的技术以及产业标准,发展中国家只能停留在简单的模块代工阶段,但是长期OEM生产实践的积累与学习效应可以提高发展中国家的模块生产工艺水平、产品质量与制造能力。同时发展中国家在这种干中学的方式下,越来越了解模块内部全部知识,使得发展中国家能够很快地掌握该模块技术的消化、吸收与转化,逐渐积累模块生产的竞争优势。但是这种代工低利润的特点以及模块内部生产竞争的激烈性迫使发展中国家利用模块化的创新环境进行自主研发、自主设计与创新,塑造该模块的核心竞争力。这就使发展中国家在承接模块化外包过程中积累了一定的模块自主设计能力,为承接发达国家模块设计权奠定了基础。

3. 承接模块设计权,拓宽模块生产区段

随着发展中国家在模块上技术和设计能力的提升,其模块设计的成本就会大大降低。当这种设计成本低于发达国家时,发展中国家就具有了在模块设计上的比较优势。同时,发达国家将模块外包到发展中国家,为降低成本而不断更换代工厂,逐渐远离了模块的制造环节。随着发展中国家模块设计能力和技术不断进步,发达国家模块设计能力被发展中国家追赶,最终被赶超。这两方面的原因使得发达国家不得不将模块的设计权分离给发展中国家,而专注于核心模块的专业化生产、设计,以节省成本实现规模经济。发展中国家通过承接模块设计权,改变了传统的模块化外包的形式,使得自己从被动的接受发达国家的技术标准而从事模块代工升级到主动参与整个产品某些模块的设计环节中共同制定产品标准,这种形式使发展中国家拓宽了模块生产区段,延伸到了产品的设计环节,从而有利于提高发展中国家在国际分工中的利润,改善价值链中所处的地位。

第 4 章

基于标准竞争优势的贸易与投资：
外资参与中国标准化

　　跨国公司在母国以外的市场设立分支机构，其目的不外乎进入当地市场获取当地更低廉的劳动力、技术工人，以及获取当地的创新技术，以实现自身优势与东道国优势的完美结合。在这个过程中，由于东道国的政策限制，跨国公司由"两头在外"无法进入东道国市场，到积极"本地化"，更多聘请当地的劳动和技术人员，也更多地依赖当地的原材料供应，再到积极参与东道国国内市场规则和政策的制定，将其技术优势、标准优势延伸到东道国市场，试图将自身的贸易与投资利益从规则层面体现出来。跨国公司在中国的投资就充分体现了这个演变的过程。

4.1　在华外商投资的演进

　　外国公司早在 19 世纪后期便开始进入中国，但外资真正大规模投资中国却是改革开放以后的事情了。特别是在 1992 年中国确立市场经济的目标以后，改革开放的进程逐步加快，投资环境改善，投资风险降低，跨国公司在中国的投资规模也不断扩大，世界上主要的跨国公司纷纷进入中国市场。迄今为止，全球 500 强企业几乎都已在中国有投资。从在华投资的跨国公司经营表现来看，它们在不同阶段呈现出不同的特点，不仅在新中国成立前后表现出不同的特点，在改革开放之后的不同阶段也呈现出不同的特征。跨国公司在华经营的重点也在市场、劳动、技术、标准之间不断进行调整。

4.1.1　新中国成立之前的在华外资

1840 年,英国借鸦片战争以其坚船利炮打开中国国门,不仅将其鸦片大量进入中国市场,还将其先进的生产技术带入中国,开始了外资在华投资的历史。随后,第二次鸦片战争、中法战争、中日甲午战争、八国联军侵华战争等历史时刻,既是帝国主义国家一次次发起侵略战争的时刻,也是他们争夺中国市场,进入中国开展投资与贸易的时刻。

从 1900 年到第一次世界大战前夕,帝国主义国家在华不断调整其势力范围,在中国的直接投资也急剧增加。美国花旗银行便是在这个时间进驻中国的,不仅将其总部设在上海,还在全国范围内开设了四个支行。第一次世界大战后,帝国主义在中国的投资再一次得到加强。日本为达到独霸中国市场的目的,成倍增加其在华投资,严重影响了其他国家在中国的投资。1914 年日本在华投资达到 21.2亿美元,已经是 1902 年的 212 倍,1941 年则更进一步急剧扩张到 68.28 亿美元,占到在华所有外资的 83%,是英美法德四国在华投资总和的 5.5 倍。二战结束后,日本战败,不得不撤出中国市场,其他西方发达国家的投资者又逐步重回中国。据统计,至 1948 年止,英美法等国的企业在中国的投资金额达到了 14.8 亿美元。

表 4.1　新中国成立以前外商在华投资情况(千美元)

国家	1902 年	1914 年	1936 年	1941 年	1948 年
英国	155 000	407 000	870 715	765 363	715 515
美国	22 500	42 000	263 787	250 008	385 029
法国	36 800	76 000	185 379	176 363	226 133
德国	93 000	151 000	46 995	43 949	—
日本	1 000	212 695	1 823 629	6 828 967	—
俄国	220 077	236 493	—	—	—
总计	525 377	1 135 188	3 364 732	8 222 547	1 487 109

资料来源:许涤新、吴承明《中国资本主义发展史》(1993)。

在这期间,跨国公司在中国的投资行为与列强对华的军事和政治侵略有着密不可分的关系,其投资也多为与其本国在华的军事和政治侵略相结合的经济侵略,都是以军事和政治上的优势来谋取经济上的垄断利益,具有非常突出的侵略性质。

4.1.2　新中国成立之后的在华外资

新中国成立后,受当时国内外政治环境的影响,外商投资逐步从中国撤离。直至1978年党的十一届三中全会的召开,政府的工作重心开始向社会主义现代化建设转移,社会主义改革开放的序幕迅速打开。美国、德国、日本等西方发达国家的跨国公司纷纷抓住机遇,进入中国市场。中国市场稳健的投资环境和潜力巨大的消费市场吸引了越来越多跨国公司的目光。30多年来我国引进外资规模稳步增长,截至2010年,已达到1 057.35亿美元,是1983年6.36亿美元的166倍。

根据国际投资理论,跨国公司对外直接投资是因为其所有权优势、内部化优势和区位优势,投资的目的在于追求东道国的自然资源、市场、技术、劳动等要素,或者出于全球化战略的考虑。

从跨国公司在华的投资过程来看,中国对于跨国公司的吸引力在不断变迁。改革开放初期一直到2000年前后,跨国公司看重的主要是中国的廉价劳动力,通过在华投资设厂,从事各种生产性投资,来降低其全球生产的成本。随着中国劳动力受教育程度和技术水平的提升,以及中国本土消费能力的提高,跨国公司从1994年开始在中国境内设立R&D机构,以期充分利用中国的科研优势,或者就近开发符合中国市场要求的创新产品。

近年来,在华外商投资呈现出一种新的发展趋势,不仅越来越多地聘用当地的生产工人、技术人才和管理员工,采购当地的原材料和配套零部件,还越来越多地参与到东道国的当地市场建设中。本研究注意到外资企业越来越多地参与到中国的标准化过程中,具体表现为直接参与制定中国国内标准、支持中国制定国际标准、为中国提供标准化教育等形式。从跨国公司参与制定中国国内标准米看,这种趋势早在 1991 年就有出现,但一直到 2003 年之后才逐渐增多,到 2008年达到顶峰。

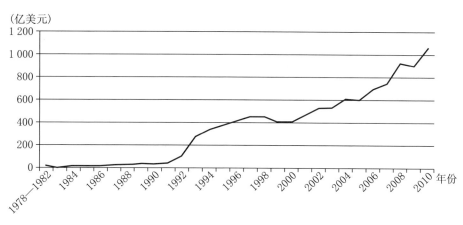

资料来源:国家统计局数据库 http://www.stats.gov.cn/。

图 4.1　中国实际利用外资数额(1978—2010)

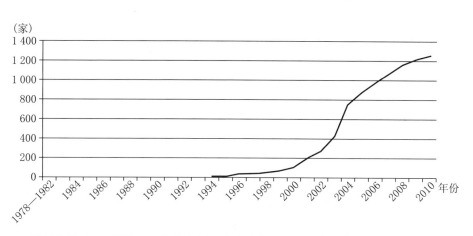

资料来源:由历年《中国统计年鉴》和《中国高技术产业统计年鉴》整理而来。

图 4.2　跨国公司在华 R&D 机构数量

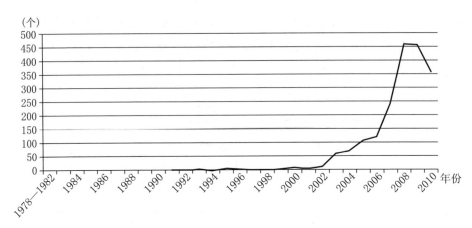

图 4.3　跨国公司参与中国标准数

4.2　外商投资参与中国标准化的形式

相对于欧美发达国家成熟的标准化体制和运行模式,中国的标准化还处于不断学习、成长的阶段。拥有先进技术和成熟的标准化运作专业知识和经验的外国投资者,从直接参与到提供专业教育,多渠道、深层次地参与中国的标准化过程。

4.2.1　参与标准制定

随着开放度和透明度的提升,特别是从 2001 年中国加入世贸组织以来,包括跨国公司在内的更多因素介入到中国的标准化过程中来。尽管中国的标准化系统仍然是政府主导、从上而下的,跨国公司和其他国际利益相关者也已成为很活跃的因素。跨国公司通过三个渠道直接参与到国家标准的制定,这也是跨国公司参与中国标准化最主要的方式。

1. 成为标准的主要技术供应商

任何标准都必须是基于相关技术的。无论谁提供标准的主要技术,都会在标准发展中起到相当重要的作用。由于中国有些技术较为落后,因此跨国公司可能成为主要的技术供应商。这种方法只适用于那些并非全部起源于中国技术的标准,特别适用于与跨国公司联合开发技术。

以 TD-SCDMA 为例,有很多国际合作和国外技术供应商参与其中。西门子提供主要技术、21.2%的 SCDMA 授权专利和 21.6%的 TDD 授权专利。而作为中国本土的 TD-SCDMA 领头羊——大唐仅提供 15.2%的 SCDMA 授权专利和 12.2%的 TDD 授权专利。诺基亚、高通和摩托罗拉也提供了 TD-SCDMA 的核心专利。TD-LTE(TD-SCDMA 的长期演进),下一代移动通信标准之一,是继 TD-SCDMA 之后中国备受关注的国际标准。它的成功是基于以中国移动为代表的中国电信运营商和以诺基亚西门子网络为代表的电信设备供应商之间的合作。2007 年,诺基亚—西门子网络建立了标准化团队,包括超过 30 个技术专家,推动与中国 TD-LTE 标准化的合作,并与 2008 年将 TD-LTE 的研发中心转移到中国杭州。同时,摩托罗拉和高通通过上海世博会与中国移动合作。

另一个有意思的事实是,在 2009 年授权发明专利数量前 10 的公司名单中,只有 2 家中国公司,占 15 133 个发明专利中的 31.21%,而 8 家来自日本、韩国、美国和荷兰的国外公司占了余下的 68.79%[①]。这些国外公司通过多种渠道成为了中国技术进步的重要供应商和合作者。这些国外公司所在的电子和信息技术行业在标准化中也非常活跃。

表 4.2 TDD 和 SCDMA 授权专利的分布(%)

	西门子	大唐	华为	中兴	诺基亚	摩托罗拉	高通	其他
TDD 份额	21.6	12.2	10.1	7.4	4.1	2.7	6.1	25.8
SCDMA 份额	21.2	15.2	12.1	24.2	—	—	—	27.3

资料来源:诺盛电信咨询。

---

① 国家知识产权局(2010),专利统计快讯,第三条,www.stats.gov.cn,2010 年 3 月 27 日。

表 4.3　2009 年授权发明专利数量前 10 的公司名单

序号	国家	公司名称	数量(个)
1	中国	华为	3 377
2	日本	松下	2 113
3	韩国	三星	1 913
4	中国	中兴	1 345
5	美国	IBM	1 276
6	日本	索尼	1 188
7	荷兰	飞利浦	1 187
8	日本	佳能	944
9	日本	精工爱普生	899
10	韩国	LG	891

资料来源：国家知识产权局(2010)。

2. 成为标准联盟中的主要参与方

为发展标准技术、推动标准的采用,很多公司普遍会参与一个或多个标准制定联盟。公司加入大的标准制定联盟,可增加制定兼容性标准成功的可能性,避免与竞争者结盟,特别是同类竞争者,也可从联盟推广的兼容性标准中最大化自身的利润。随着中国发展开放性标准的方式由自上而下转换到自下而上,标准联盟在标准发展和执行中也发挥着重大作用。AVS、TD-SCDMA、WAPI 和 IGRS 是中国比较成功的标准化联盟。然而联盟的成员不仅包括本土公司,也有跨国公司,而且跨国公司有时还占多数。表 4.4 说明了 56.5％的 TD-SCDMA 董事会会

表 4.4　标准联盟中的跨国公司

标准联盟	总量	跨国公司	跨国公司占比
TD-SCDMA*	53	30	56.5％
WAPI	70	10	14.2％
AVS**	121(37)	49(29)	35.5％
IGRS**	100(37)	20(8)	20.0％

注：＊不包括普通会员；＊＊(　)中的数字表示观察的会员。

资料来源：标准联盟网站 www.tdscdma-forum.org，www.wapia.org，www.avsa.org.cn，www.igrs.org。

员和高级会员是跨国公司，而不是本土公司，WAPI 中这一比例是 14.2%，AVS 是 35.5%，IGRS 是 20.0%。

在 TD-SCDMA 论坛中，成员分为三类：理事成员、高级成员和普通成员。理事成员和高级成员是其主要成员，所以有关于理事成员和高级成员权利的英文版官方说明。理事成员的权利包括：派代表组成论坛的最高行政机关、参加论坛的各项会议、享受论坛组织的会议 2—4 个免费参与席位、享受论坛与合作者共同举办会议的免费参与席位或会员优惠折扣、赞助一年一度的国际 TD-SCDMA 峰会时享有最高折扣、享受个人服务、获得 TD-SCDMA 市场分析报告。除不能派代表组成论坛的最高行政机关外，高级成员与理事成员享受的权利差不多。理事成员的义务则包括支持论坛委员会、积极组织和参加技术交流活动、促进 TD-SCDMA 技术的发展和应用、制定论坛发展计划、支付会员费。高级成员不组织技术交流活动。TD-SCDMA 论坛的成员包括世界范围的运营商、制造商、仪器仪表供应商、科学研究机构，以及其他相关公司和实体等。但本土公司与国外公司在会员权利和义务上没有任何不同，跨国公司与中国公司具有同样的机会和权利来影响 TD-SCDMA 标准化。事实上，很多熟悉的跨国公司经常在 TD-SCDMA 论坛中出现，见表 4.5。

表 4.5　TD-SCDMA 论坛的董事会会员和高级会员

种　类	本土公司	跨国公司
董事会会员	大唐、华为、中国移动、中国电信、中国联通、阿尔卡特朗讯、TCL、普天	诺基亚—西门子网络、摩托罗拉、Inter-Digital、高通、爱立信
高级会员	展讯通信、科泰、龙旗、重邮信科、烽火移动、Seahigh、瑞星科技、网驭通讯、奥维通信、康佳、新邮通、华灿光电、播思通讯	天碁科技、亚诺德设备、三星、LG、泰克、恩智浦、MCCI、英飞凌、富士通、因特尔、安捷伦科技、法国电信、罗德与施瓦茨、XILINX、德州仪器、NEC、华硕、联发、迈威、Sktelecom、安立、飞思卡尔、杜比、AEROFLEX、Innofidel

资料来源：www.tdscdma-forum.org。

3. 成为制定标准的本土公司或组织的技术支持者

跨国公司除直接成为会员外，还有另一种途径参加标准联盟，即成为制定标准的本土公司或组织的技术支持者。这是由于它们对标准的贡献不够大，或者它们更愿意做一个幕后英雄。中国 BWIPS 是一个宽带无线网络的标准化组织，我们在其会员名单中看不到任何跨国公司，但不难发现，有两家国外公司是其技术支持者：Netiq 和 Wildpackets。有趣的是，华为有三名经验丰富、备受尊重的标准化专家：Adrian Farrel（IETF 的路由区负责人），David Harrington（IETF 的交通区负责人）和 Spencer Dawkins（IETF 的互联网架构委员会成员）。这被认为是华为标准化成功的关键。从 2003 年起，华为向 IETF 提交了 24 份征求意见稿，6 份工作组草案，241 份活动草案，这使华为成为 IETF 成长最快的贡献者。

4.2.2 学术活动

国际标准化发展迅速，中国与国际的学术交流活动也随之增加。标准化学术活动一方面使中国能向发达国家学习，另一方面也使跨国公司能影响中国的标准化。跨国公司会参加、赞助和组织各种标准化学术活动，并推销它们的标准和战略。

1. 学术会议

学术会议可使包括公司高管、政府官员和顶尖学者在内的各利益相关者因标准化而聚集起来，共同讨论标准化理论、实践和政策中的核心问题。跨国公司积极参与此类会议，因为跨国公司可通过会议了解中国标准化政策的趋势，并向其他各方表达自己的观点。在中国商务部的支持下，ETSI 和 EU-中国贸易项目在北京举办了名为"标准、知识产权和竞争"的国际会议。高通、微软、英特尔、飞利浦、西门子、Sun 微系统和研究动态参与了此次会议，并讨论了标准与知识产权、标准与创新、标准与知识产权许可、知识产权与竞争政策。为推动 Pree-to-Pree Streaming Protocol 成为国际标准，中国移动举办了"国际 Pree-to-Pree Streaming Protocol 行业标准化工作组"会议。很多跨国公司及其他电信网络公司和机构参加了这次会议,包括摩托罗拉、诺基亚、西门子、应科院、InterDigital、IETFITU、3GPP 等。

同时,中国的学者与政府官员也经常被跨国公司邀请参加国际会议。AVS 在其网站上提供从 1996 年以来主要事件的完整详细记录,其中表明加拿大、泰国、德国、韩国、斯洛文尼亚、瑞士、中国香港等超过 8 个国家和地区的学者参加了国际标准化会议或工作组,与相关的国际组织或跨国公司的专家分享、交流关于音频视频编码标准的想法,包括 ITU、MPEG、Digital Media Project 等。

2. 学术论文

由于中国标准化理论与实践都落后于发达国家,中国学者已经习惯于阅读和学习关于发达国家成熟丰富的标准化理论与实践的英文学术论文。现在却有越来越多的英文文章研究中国的标准化实践。Richard P. Suttmeier 和 Scott Kennedy 有一些文章从政治经济学角度对中国标准化进行详尽描述。John Whalley 和他的导师在一份 CESIFO 工作文件中总结了全球 3G 标准制定过程中中国的经验。这篇文章指出,中国标准化存在许多问题,如不同利益相关者的利益冲突和标准的商业化不足。但不可否认的是,这篇文章表现出发达国家对中国标准化的承认与重视。甚至像 David、Abraham 和 Steven(2005)这样的学者都认为中国改写全球市场竞争规则的能力正在增强,因为中国在国内、国际市场开始发掘其扩展规则的能力。

3. 标准化教育

在发展中国家,标准化教育是推动标准化发展的基本要素之一。然而,在推动标准化教育中,系统、合适的课程与教科书和合格的老师的缺乏仍是主要的阻碍因素。SSOs、跨国公司和非政府组织在推动中国建立国家标准化知识体系、培养标准化人力资源的中国标准化教育中扮演着越来越重要的角色。de Vries 和 Egyedi(2007)列出了标准化教育相关的 14 种主要活动,并揭示出在全球范围内开展标准化教育的巨大利益。

(1) SSOs。

SSOs 或 SDOs 是推动标准化教育的主要力量,因为它们需要向公众推广其标准。为此,它们采取了很多措施。

以 ISO 为例,多年来,它为 ISO 成员国的员工,特别是发展中国家的员工,提供许多电子教材,使员工们能在国际标准化中争取各自的国家利益。ISO 的电子学习模版覆盖了一个国际标准化管理专家所应具备的所有核心竞争力,包括国际标准修订、标准化优先权评估、国际标准化参与管理。ISO 标准高等教育奖于2006 年设立,目的在于支持那些完成标准化项目并使其作用于国际市场、推进技术变革、推动商业实践和可持续发展的高等教育机构,唤醒全球对于标准化重要程度的关注。来自中国计量学院的宋明顺教授,因 2007 年他的研究生项目而成为此奖的首位获得者。ISO 另一个奖项是 Helmut Reihlen Award,于 1999 年设立,为发展中国家和转型经济中的关注标准化及其相关事务的年轻标准化工作者的竞赛而设置,目的在于激发他们的热情,使他们认识到标准化对于促进安全和可持续发展的重要性。

2004 年,IEC 为纪念 IEC 的成立,设立"IEC 1906"奖,奖励全球为 IEC 做出基础性贡献的 IEC 技术专家,2009 年 3 位中国专家欧阳劲松、崔波和赵英荣获此奖,2010 年牟同升和张瑞标获此奖。2000 年,ITU 在发展中国家与发达国家间建立了一个名为"缩小标准化差距"(BSG)项目,这一项目使发展中国家更多地参与到标准化中来。这份报告认为,最大化国家标准化能力的最好方法就是标准化教育。IEEE 建立了一个标准化教育委员会,是教育活动与标准联盟的合作方,它提供资源引导和教育研究生、本科生,同时也为教授和教育者提供技术标准的免费在线指导和案例研究。

(2)跨国公司。

跨国公司,特别是一些主要标准制定方的公司或者在标准中包含其专利的公司,对标准化教育特别感兴趣。这是跨国公司把它们的包含知识产权的标准融入到标准化教育资源和活动中的有效方法。

以 IBM 为例,2008 年夏天,IBM 组织了一个著名的论坛,包括几位中国专家在内的全球 70 位独立的、思想先进的专家,讨论了标准制定实体是否与当前的商业、社会、法律及政治同步。IBM 在这次对话中成功地介绍了它的标准化政策。

为支持研究、创新课题和教育,IBM 设立了特殊的大学奖学金,为发展跨学科的研究生课程提供足够的材料。超过 200 家大学致力于研究 IBM 标准。

作为全球沟通的领先者,2006 年 6 月,摩托罗拉和南京邮电大学合作,建立了 NUPT—摩托罗拉无线技术应用学院。学院的主要目标是培养无线网络技术专家,促进中国无线网络技术的应用。

作为领先的高级无线技术及数据解决方案的发起人和创新者,高通建立了 3G A-List 奖,来奖励那些成功的创新性基于 3G CDMA 标准的企业无线数据解决方案。中国国际信托投资公司是 15 家获奖企业之一,因为它在金融无线服务领域有相当出色的实践。

（3）非政府组织。

非政府组织对政府和大学在标准化教育领域的表现很不满意,因而非常积极地推动标准化教育。国际标准化教育合作组织(ICES)于 2006 年建立,是国际上一家为推动标准化教育、改变教育方式和材料的著名非政府机构,它为各国、各地区、各行业的标准化教育政策和基础设施的发展提供便利。同时,ICES 正致力于建立一个标准化课程和教学资源库,这也是发展标准教育系统的主要瓶颈。ICES 在包括中国在内的一些国家,组织了许多标准化教育工作组。有意思的是,ICES 的主要创始人之一是 Sun 微系统公司的标准处经理,而 Ecma 国际则为它提供财政支持。Ecma 国际是 1961 年建立的一个行业协会,其成员包括微软、IBM、英特尔、索尼、三星,等等。ICES 想要通过提供一个讨论、建设和交流教学资源的平台和机会来改变高等教育中标准不受重视的情况,支持标准化教材的发展。

EURAS,欧洲标准化研究所,由来自经济、机械、社科、法律和信息科学等领域的学者于 1993 年在汉堡成立。它开展的活动的主要目的在于,促进标准化研究、支持标准教育的发展和专业化等。EURAS 教育活动之一的欧盟亚洲联合项目——公司和市场标准化,通过在亚洲合作机构中开展在公司和市场中的标准化课程,促进欧洲标准化系统发展。这个项目针对各种现存的研究生项目中的学术和亚洲国家的一些特殊雇员,其合作者有两个欧洲大学和四个亚洲大学,其中包括中国计量大学。

4.2.3 经济活动

1. 国际贸易

尽管中国历史上也有一些标准化活动,然而却是国际贸易,特别是与贸易伙伴之间基于不同标准的贸易摩擦,才使中国的利益相关者真正认识到标准在市场中的重要性。

技术性贸易壁垒多年来一直是中国出口的主要阻碍,而关税和配额等其他传统贸易措施越来越不能起到相应的作用。中国标准化战略计划加快国家标准制定、加强国际标准化参与,主要目的之一就是为了突破技术性贸易壁垒[①]。中国大多数官员和学者认为应该直面基于标准的国际竞争,并视标准为贸易武器。一些国家的标准,特别是针对农产品的标准,直接导致因贸易方标准不同而引起的贸易摩擦。日本的肯定列表制度就是促进中国农业标准化的引擎,因为它对中国农产品出口有重要影响。

更重要的是,跨国公司或外商直接投资在中国对外贸易中有着举足轻重的作用。中国外商直接投资的进出口量在 2009 年达到了 12 174.4 亿美元,占进出口总量的 55.2%。出口量是 6 722.3 亿美元,占出口总量的 55.9%,进口量是 5 452.1 亿美元,占总进口量的 54.2%。这些出口与进口主要来源于外资公司(合资公司和独资公司,包括由中国香港、中国澳门和中国台湾控制的公司)。独资公司在过去的十年中极大地提高了它们在高技术产品出口中的份额,然而合资公司,特别是国有企业的这一份额却下降了。中国的外资公司不仅通过产品的生产将国际标准和国外标准引入中国市场,也以它自己的名义或者是中国合作者的名义,参加到中国标准制定中来。

2. 知识产权

跨国公司,特别是那些在标准中有很多专利的公司,现在对中国标准化最关

---

① 标准化发展十一五规划(2006—2010)清晰地描述了这种观点,在它的前言中说到"中国标准化在……促进国际贸易中发挥了重要作用",文章 3.3 说到"研究测试标准来处理技术性贸易壁垒"。

心的应该是与标准相关的知识产权政策了,因为它是国际标准竞争的核心问题。
2004 年国家标准化管理委员会发布了一份《国家标准涉及专利的规定(暂行)》
(征求意见稿),但它没有生效,因为有太多来自包括很多跨国公司在内的社会各
种力量的批评。2009 年 11 月 2 日,国家标准化管理委员会发布了一份新的规则
草案,并向公众征求意见,这份新的草案更接近最终发布版本,因为对于专利信息
披露的方式、专利费的决定以及其他方面有不少积极修正。然而它至今尚未生
效。2010 年 1 月 28 日,中国标准化研究院发布了一份《国家标准涉及专利的处理
规则》,并向公众征求意见。在这份草案中我们可以看到中国标准化相关的专利
政策有很多妥协和让步,这是中国与跨国公司政治和经济上博弈产生的结果。换
言之,跨国公司的评论对中国的政策制定产生了影响,使它变得复杂化。因为它
们和中国存在不同的立场、利益和观点,甚至跨国公司本身之间也有很多不同意
见。在各方利益经过多个回合长时间的博弈之后,国家标准化管理委员会和国家
知识产权局终于在 2013 年 12 月 19 日发布了《国家标准涉及专利的管理规定(暂
行)》,并于 2014 年 1 月 1 日正式实施。和业内人士预期相差不远,这一份最新的文
件在专利的披露方式、许可费用等方面,采用更加缓和(或者说更加模糊)的话语。

让跨国公司密切关注中国的知识产权政策的是中国在 2006 年开始实施的自
主创新政策。为实施这一政策,许多相关政策措施开始实施,其中包括政府采购
自主创新产品政策等。2009 年 11 月 5 日,国家科技部、国家发改委和财政部联合
发布"国家自主创新产品认定工作的通知",在全国范围内开展自主创新产品评定
工作。但这份文件遭到了跨国公司的反对,因为自主创新产品的定义很有可能将
跨国公司产品排除在自主创新产品名单之外。2010 年 5 月 15 日,国家科技部、国
家发改委和财政部联合再度联合发布《关于启动国家自主创新产品认定工作的公
告(草案)》。这份文件中自主创新产品的概念被修改了。两个自主创新产品的鉴
定要素,知识产权所有权和独立品牌,变成了两个模糊的概念。这被认为是美国
高技术公司游说中国政府所取得的巨大成功。

3. 国际投资

自 1979 年以来,国外投资对中国经济发展起到非常关键的作用,超过半数的

世界 500 强公司在中国投资。外商投资企业的进出口总额自 2002 年以来已超过全国进出口总额的一半。

与此同时,外商投资企业在中国标准化中也越来越频繁地出现。国家标准化委员会设立了一个中国标准创新贡献奖,来奖励一年中对中国标准化做出突出贡献或有杰出表现的企业或组织。这是中国标准化领域的最高奖。有趣的是,2009年获奖名单中,出现了 6 家外资企业和跨国公司的名字。尽管当中的跨国公司不多,且所在行业不是很火,但这一现象本身就说明中国政府认可跨国公司对中国标准化做出的贡献。

表 4.6　获中国标准创新贡献奖的外资公司(2009 年)

获奖标准编号	外资公司	国外投资来源
GB 8624—2006	Armacell(广州)	德　国
	Bayer(上海)	德　国
	Armstrong(上海)	美　国
	Aeroflex(上海)	泰　国
GB/T 20173—2007	FASTEN SUMIDEN	日　本
GB/T 20621—2006	Outaihua	中外合资

当然,这份名单背后有更多的故事。很多跨国公司通过与本土公司合资或其他形式隐藏在中国标准化中。作为无线电通信设备市场份额第二的公司,华为在中国标准化中最有影响力。现在,华为在全球 123 个行业标准化组织中有 148 个领导职位,包括像 OMA、IEEE、ATIS 和 WiMAX 论坛这样的权威组织的董事会成员。截止到 2009 年 12 月,华为提供了 18 000 多份标准提案,整理了 42 543 份专利申请。但是不能把它全归功于华为自身。应该注意到,华为与英特尔、德州仪器、高通、英飞凌、杰尔系统、微软、Sun 微系统和惠普之间有很多技术合作,建立联合实验室,与 Symantec、Global Marine、西门子、3Com 成立了合资公司。张莹(2009)回顾了华为与国外公司及国际组织结盟的细节(表 4.7)。结果发现,华为与中国政府及其他本土公司在标准与知识产权政策上有一些不同。

表 4.7　华为联盟记事(1989 年至今)

	合作方	合作方所属国	合资与否
1989—1994 年	上海贝尔电话制造公司	中美合资	无
1997 年 2 月 20 日	德州仪器	美国	无
1997 年 4 月 9 日	BETO TELEKOM	俄罗斯 俄罗斯	有
2000 年 6 月 8 日	高通	美国	无
2001 年 11 月 27 日	NEC 松下	日本 日本	有
2002 年 10 月 21 日	杰尔系统	美国	无
2002 年 10 月 21 日	微软	美国	合资实验室
2002 年 10 月 23 日	NEC	日本	有
2003 年 1 月 19 日	3Com	美国	有
2003 年 6 月 4 日	Avici Systems Inc	美国	无
2003 年 8 月 29 日	西门子	德国	有
2003 年 9 月 16 日	英飞凌	德国	无
2004 年 1 月 12 日	Information & Communication Mo	德国	有
2005 年 4 月 25 日	英特尔	美国	无
2006 年 3 月 2 日	惠普	美国	无
2006 年 5 月 31 日	思卡尔半导体	美国	无
2006 年 7 月 25 日	摩托罗拉	美国	有
2007 年 2 月 13 日	高通	美国	无
2007 年 5 月 14 日	Global Marine Systems Ltd	英国	有
2007 年 5 月 21 日	Symantec Corp	美国	有
2007 年 10 月 31 日	ITU	国际组织	无
1998—2003 年	IBM	美国	咨询协议
2008 年 12 月 12 日	微软	美国	无
2009 年 3 月 20 日	英飞凌	德国	无
2009 年 8 月 9 日 2001 年 1 月 1 日	Sun 微系统	美国	电信实验室
1997 年至今	Hay 集团	美国	咨询协议
1997 年至今	PwC	英国	咨询协议
1997 年至今	FhG	美国	咨询协议

资料来源：SDC 数据库和各类媒体声明。作者根据张莹(2009)作了一些变动。

4.2.4　外交活动

基本上,大多数国际标准竞争发生在不同国家的相关企业和标准制定机构之间。但在此过程中也会使用到一些外交手段。也就是说跨国公司把外交手段引入到标准竞争中来,对竞争者施加外交压力。例如,美国贸易代表办公室(USTR)、美国驻中国商会(AmCham—China)、沿海及海洋联盟(EUCC)在中国标准竞争中起着重要的外交作用。在 2010 年美国在华商务报告中,AmCham-China 建议中国与美国共同解决标准化和反垄断问题,允许国外权利人与中国权利人以正式方式共同处理标准化事务。

WAPI 与 IEEE 802.11 之间的竞争就是一个典型例子。2003 年 5 月中国政府同意 WAPI 为强制性标准,并将于 2003 年底修订。但这被认为是中国的技术性贸易壁垒而不是安全措施。英特尔等跨国公司因为没有足够的时间准备,要求延迟实施。2003 年 11 月,国家质量技术监督局和标准化管理委员会发布了一个公开声明,国内无线局域网产品必须采用 WAPI 标准,从 2004 年 1 月 1 日起实施。英特尔、博通和其他美国公司强烈反对这一决定,威胁停止在华所有的无线网络的商业活动,抱怨 WAPI 标准会强制公司将敏感信息分享给中国。然后时任美国国务卿鲍威尔、商会部长 Don Evans 和贸易代表 Robert Zoellick 来信要求中国放弃 WAPI 标准,并声称它是一个贸易壁垒。美国在中美商贸联合会议上也提出了这个议题。2004 年 1 月中国方面同意放弃 WAPI 标准的实施,并将这一日期无限期推后。这是国际标准竞争通过外交渠道的成功案例。尽管 2009 年 6 月 ISO 已批准其成为三大无线局域网通信安全机制标准之一。

4.3　外商投资参与中国标准化的状况

4.3.1　总体概况

根据现有数据,从 1979 年最早的外资企业(包括中外合资企业和外商独资企业)参与中国标准制定算起,截止到 2011 年底,在发布的全部 48 171 个国内标准中,共有 2 427 个标准中有外资企业的参与,占比为 5.03%①。其中,国家标准中外资企业参与的有 1 211 个,占比为 5.13%;行业标准中外资企业参与的有 1 204 个,占比为 4.97%;地方标准中外资企业参与的有 12 个,占比为 3.31%。

表 4.8 中国国内标准与外资企业参与概况

年份	国家标准		行业标准		地方标准		年度总计	
	总数	外资参与数	总数	外资参与数	总数	外资参与数	标准总数	外资参与总数
1964	4	0	0	0	0	0	4	0
1977	11	0	0	0	0	0	11	0
1979	1	1	0	0	0	0	1	1
1980	20	1	2	0	0	0	22	1
1981	12	0	1	0	0	0	13	0
1982	36	0	13	0	0	0	49	0
1983	64	0	20	0	0	0	84	0
1984	93	3	3	0	0	0	96	3
1985	99	3	14	0	0	0	113	3
1986	265	4	37	0	0	0	302	4
1987	254	0	42	0	0	0	296	0
1988	387	4	38	0	0	0	425	4
1989	376	3	29	5	0	0	405	8
1990	160	1	99	0	0	0	259	1
1991	236	2	227	0	0	0	463	2
1992	276	6	254	0	0	0	530	7
1993	306	2	274	0	1	0	581	2
1994	300	1	167	2	0	0	467	3

---

① 本书中标准数据来自工标网(www.csres.com)和商务部(www.mofcom.gov.cn)。先查询工标网 ICS 分类中 40 个类别各项标准的起草单位,在商务部网站"企业查询"一栏中查询工标网中各标准的起草单位企业的性质,以此来确定参与这项标准的企业是否是外商投资企业,再对每个外商投资企业参与制定的技术标准进行整理、汇总。

续表

年份	国家标准		行业标准		地方标准		年度总计	
	总数	外资参与数	总数	外资参与数	总数	外资参与数	标准总数	外资参与总数
1995	411	2	277	5	1	0	689	7
1996	321	3	152	2	0	0	473	5
1997	416	2	305	1	52	0	773	3
1998	411	2	392	0	2	0	805	2
1999	397	3	2 019	7	0	0	2 416	10
2000	837	3	489	2	4	0	1 330	5
2001	643	4	556	2	1	0	1 200	6
2002	758	6	886	10	11	0	1 655	16
2003	1 223	42	569	27	11	0	1 803	69
2004	869	11	1 952	80	14	0	2 835	91
2005	1 213	35	1 815	66	30	0	3 058	101
2006	1 762	117	2 777	168	21	0	4 560	285
2007	1 433	142	3 106	168	44	0	4 583	310
2008	4 224	343	4 122	212	103	2	8 449	557
2009	2 705	187	1 664	243	59	10	4 428	440
2010	2 106	137	1 501	159	7	0	3 614	296
2011	970	141	408	44	1	0	1 379	185
总计	23 599	1 211	24 210	1 204	362	12	48 171	2 427

4.3.2 按标准领域分

截止到 2011 年底，在 40 个 ICS 分类标准当中，除了"航空器和航天器工程"和"军事工程"两类没有外资企业涉及之外，其他领域的标准都或多或少地有外资企业参与。从整体上看，外资参与中国标准制定的比例是 4.32%，参与程度并不是很高，但是，从具体领域来看，参与程度则高低不一样，其中外资参与程

度最高的领域有"家用和商用设备、文娱"，外资参与的标准占其所有标准的
36.16％。其他几类参与程度比较高的领域还有"橡胶和塑料工业"（27.53％）
"建筑材料和建筑物"（22.45％）、"造纸技术"（22.13％）、"玻璃和陶瓷工业"
（19.47％）。一个值得注意的地方，就是这些领域基本上都属于传统工业领域，
而且并非标准大户，其标准数量占所有标准的比重分别只有 0.76％、1.21％、
0.82％、0.23％和 0.36％。同时，这种分布状况与我国 FDI 产业分布状况存在
很大的差距。我国制造业中实际吸收外资最多的三个行业（通讯设备、计算机
及其他电子设备制造业，电气机械及器材制造业，通用设备制造业）都没有显示
出相应的外资参与标准情况[1]。

　　从外资参与的标准情况来看，在所有外资参与的标准中，比重比较大的是"化
工技术"（11.65％）、"电信、音频和视频技术"（10.19％）、"橡胶和塑料工业"
（7.71％）、"食品技术"（7.13％）。而这些领域的标准占所有标准的比重都相应地
小于外资参与占比，分别为 6.61％、3.87％、1.21％和 5.71％。也就是说，外资在
这些领域的参与程度远高于其在整体标准中的比重，从一个侧面说明这些领域的
对外开放水平是比较高的。

　　尽管囿于数据口径上的差异，本研究还没有做出直接的对比，但外资参与国
内标准领域分布情况与外商直接投资产业分布情况的简单比较，其明显的差异性
使我们对产业开放的认识有了一个新的角度。传统的对外开放关注的是一个产
业是否引进外资，是否有外资在生产、研发、销售上的合作，而没有太多关注标准
层面的外资问题。前述的数据告诉我们，对外开放不只是在资本、技术、市场方面
的合作，还有标准层面的合作。而且，标准层面的外资渗透远比资本、技术、市场
层面的影响更系统、更深远。

---

[1]　由于标准分类（ICS）和国民经济分类方式不一样，在没有进行数据调整的情况下，标准的产业分布和外商直
　　接投资的产业分布是不能进行直接比较的。但文中提到的几个产业具有直观上的差异，能够支撑此处的基
　　本结论。

表4.9 外资企业参与中国标准的领域状况

标准分类	标准总数（A）	外资参与数（B）	外资参与程度（该类外资参与标准数/该类标准总数）（B/A）	外资参与占比（该类标准外资参与数/所有外资参与数）（$B_i / \sum B$）	标准占比（该类标准数/所有标准数）（$A_i / \sum A$）
综合、术语、标准化、文献	836	7	0.008 4	0.003 1	0.016 0
社会学、服务、公司（企业）的组织和管理、行政、运输	1 020	10	0.009 8	0.004 4	0.019 5
数学、自然科学	412	1	0.002 4	0.000 4	0.007 9
医药卫生技术	1 577	25	0.015 9	0.011 0	0.030 2
环保、保健和安全	3 205	17	0.005 3	0.007 4	0.061 3
计量学和测量、物理现象	1 618	14	0.008 7	0.006 1	0.031 0
试验	394	21	0.053 3	0.009 2	0.007 5
机械系统和通用件	1 225	18	0.014 7	0.007 9	0.023 4
流体系统和通用件	1 137	44	0.038 7	0.019 3	0.021 8
机械制造	2 041	80	0.039 2	0.035 0	0.039 1
能源和热传导工程	1 628	47	0.028 9	0.020 6	0.031 2
电气工程	1 533	64	0.041 7	0.028 0	0.029 3
电子学	770	10	0.013 0	0.004 4	0.014 7
电信、音频和视频技术	2 023	230	0.113 7	0.100 7	0.038 7
信息技术、办公机械设备	1 876	52	0.027 7	0.022 8	0.035 9
成像技术	546	89	0.163 0	0.039 0	0.010 5
精密机械、珠宝	102	18	0.176 5	0.007 9	0.002 0
道路车辆工程	762	37	0.048 6	0.016 2	0.014 6
铁路工程	464	2	0.004 3	0.000 9	0.008 9
造船和海上建筑物	2 319	26	0.011 2	0.011 4	0.044 4

续表

标准分类	标准总数 (A)	外资参与数(B)	外资参与程度(该类外资参与标准数/该类标准总数) (B/A)	外资参与占比(该类标准外资参与数/所有外资参与数) $(B_i / \sum B)$	标准占比(该类标准数/所有标准数) $(A_i / \sum A)$
航空器和航天器工程	2 686	0	0.000 0	0.000 0	0.051 4
材料储运设备	648	7	0.010 8	0.003 1	0.012 4
货物的包装和调运	648	16	0.024 7	0.007 0	0.012 4
纺织和皮革技术	1 941	153	0.078 8	0.067 0	0.037 2
服装工业	327	30	0.091 7	0.013 1	0.006 3
农业	4 439	82	0.018 5	0.035 9	0.085 0
食品技术	2 984	161	0.054 0	0.070 5	0.057 1
化工技术	3 457	263	0.076 1	0.115 2	0.066 2
采矿和矿产品	1 466	23	0.015 7	0.010 1	0.028 1
石油及相关技术	1 722	24	0.013 9	0.010 5	0.033 0
冶金	3 463	150	0.043 3	0.065 7	0.066 3
木材技术	371	31	0.083 6	0.013 6	0.007 1
玻璃和陶瓷工业	190	37	0.194 7	0.016 2	0.003 6
橡胶和塑料工业	632	174	0.275 3	0.076 2	0.012 1
造纸技术	122	27	0.221 3	0.011 8	0.002 3
涂料和颜料工业	202	44	0.217 8	0.019 3	0.003 9
建筑材料和建筑物	432	97	0.224 5	0.042 5	0.008 3
土木工程	118	7	0.059 3	0.003 1	0.002 3
军事工程	506	0	0.000 0	0.000 0	0.009 7
家用和商用设备、文娱	401	145	0.361 6	0.063 5	0.007 7
总计	52 243	2 283	0.043 7	1.000 0	1.000 0

4.3.3 按外资来源地分

共有 31 个国家和地区(中国香港、中国澳门、中国台湾算作一个地区)在中国内地的企业参与中国内地的标准制定,其中中国的港、澳、台地区所占比重最大,达到 31.85%;其次是美国和日本,其所占比例分别为 17.88% 和 10.90%;这三者合计超过 60%。

表 4.10　参与中国内地标准的外资来源地

序号	国家(地区)	参与数量	占　比
1	中国香港、中国澳门、中国台湾	871	0.318 5
2	美国	489	0.178 8
3	日本	298	0.109 0
4	德国	208	0.076 1
5	法国	196	0.071 7
6	英国	154	0.056 3
7	新加坡	99	0.036 2
8	加拿大	53	0.019 4
9	荷兰	52	0.019 0
10	瑞士	51	0.018 6
11	澳大利亚	40	0.014 6
12	瑞典	38	0.013 9
13	意大利	28	0.010 2
14	英属维尔京群岛	27	0.009 9
15	韩国	21	0.007 7
16	芬兰	19	0.006 9
17	印度尼西亚	16	0.005 9
18	丹麦	15	0.005 5
19	百慕大	15	0.005 5
20	西班牙	9	0.003 3
21	泰国	8	0.002 9
22	突尼斯	5	0.001 8
23	马来西亚	4	0.001 5

续表

序号	国家（地区）	参与数量	占比
24	菲律宾	3	0.001 1
25	奥地利	3	0.001 1
26	毛里求斯	3	0.001 1
27	爱尔兰	3	0.001 1
28	比利时	2	0.000 7
29	卡塔尔	2	0.000 7
30	智利	2	0.000 7
31	南非	1	0.000 4

　　参与中国内地标准化的跨国公司来源地分布，与中国内地外资来源地存在较大的差别。除了中国的港、澳、台地区同列两者的前列之外，从排名上看，投资靠前的英属维尔京群岛和新加坡在中国内地标准化中的表现没有相应程度的活跃，而投资排名稍微落后的美国、日本，特别是法国、德国、英国，则是参与中国内地标

表4.11　中国内地外资来源地分布

排名	国家（地区）	投资金额（亿美元）
1	中国香港、中国澳门、中国台湾	636.98
2	英属维尔京群岛	104.47
3	新加坡	54.28
4	日本	40.84
5	美国	30.17
6	韩国	26.92
7	开曼群岛	24.99
8	萨摩亚	17.73
9	法国	12.38
10	毛里求斯	9.29
11	荷兰	9.14
12	德国	8.88
13	英国	7.1

资料来源：商务部2011年中国外商投资统计。

准化非常活跃的投资者。这与来自于英属维尔京群岛和新加坡等地的外资,大多是国内资本在当地注册再掉转头来投资国内以获得外资待遇的"假外资"有一定联系。也就是说,欧美国家的跨国公司更加注重通过标准的渗透来参与东道国市场的竞争。

如果以 ISO 成员的贡献排名来判断国际标准化活跃程度,则可以看出,在国际标准化舞台上非常活跃的国家,也同样在中国的标准化活动中表现非常积极。德国、美国、英国、法国和日本因其在 ISO 中承担标准化技术委员会(TC)、分技术委员会(SC)和工作组(WG)的领导职务及其他活动而成为 ISO 的常任理事国,它们也同样是中国标准化活动中表现最为积极的几个国家。

表 4.12 ISO 成员的贡献

排序	国家	TC/SC	WG
1	德国	130	352
2	美国	117	509
3	英国	70	355
4	法国	69	212
5	日本	67	193
6	中国	45	60
7	瑞典	25	88
8	荷兰	19	78
9	澳大利亚	19	76
10	瑞士	18	34
11	加拿大	17	80
12	韩国	16	65
13	意大利	16	42
14	挪威	11	33

资料来源:ISO Annual Report 2011。

4.3.4 参与中国标准化的主要外资企业

从参与中国标准化比较多的主要外资企业来看,可以发现几个结论。第一,参与中国标准化程度比较高的企业并非完全是在华申请专利多的企业,尽管上海贝尔、西门子这两家企业的在华专利授权和参与制定中国标准的规模都比较大,但一些在华专利授权较多的企业如美国的 IBM、高通等,都没有出现在这个列表中,这说明跨国公司在华的专利布局和标准化战略没有得到统一。第二,很多跨国公司以其在华合资企业、合作企业的身份大量参与中国的标准化,如西门子公司,就有 13 家在华分支机构参与中国的标准化。

表 4.13　参与中国标准制定的主要外资企业

外资企业	外资来源地	专利总数	参与制定的中国标准总数
上海贝尔股份有限公司	中国、美国	921	143
西门子(中国)有限公司	德国	1 219	74
UT 斯达康通讯有限公司	美国	59	37
华北铝业有限公司	中国香港	11	30
龙记集团	中国香港	0	24
佳能(中国)有限公司	日本	59	24
杭州下沙恒升化工有限公司	瑞典	3	23
苏州美柯达探伤器材有限公司	中国、日本	0	20
上海皮尔博格有色零部件有限公司	中国、德国	9	20
鼎桥通信技术有限公司	中国香港	509	20
南通山剑石墨设备有限公司	澳大利亚	9	19
约克(无锡)空调冷冻科技有限公司	中国、美国	2	19
深圳泛胜塑胶助剂有限公司	中国香港	7	18
佛山石湾鹰牌陶瓷有限公司	中国香港	106	17
杭州诺贝尔集团有限公司	中国香港	119	17
松下电器(中国)有限公司	中国、日本	490	16
成都光明光电股份有限公司	中国、日本	108	15
江阴加华新材料资源有限公司	加拿大	16	15
宁波埃美柯铜阀门有限公司	中国香港	43	15
艾默生有限公司	美国	823	15
伊顿(宁波)流体连接件有限公司	美国	11	13
深圳新飞通光电子技术有限公司	欧美	100	13
杭州中策橡胶有限公司	中国、百慕大	142	12

续表

外资企业	外资来源地	专利总数	参与制定的中国标准总数
上海建设路桥机械设备有限公司	中国香港	193	12
上海电科电工材料有限公司	中国、日本	12	12
亚大塑料制品有限公司	中国、瑞士	29	11
杭华油墨化学有限公司	中国、日本	6	11
立邦涂料(中国)有限公司	新加坡	108	11
南阳二机石油装备(集团)有限公司	加拿大	128	10
青岛昌隆文具有限公司	中国、美国、日本、中国台湾	73	10
广州蓝月亮有限公司	中国香港	33	10
无锡确成硅化学有限公司	中国香港	0	10

注:1. 西门子公司包括:上海西门子移动通信有限公司、北京西门子通信网络有限公司、上海西门子医疗器械有限公司、西门子数控(南京)有限公司、西门子(中国)有限公司、西门子迈迪特(深圳)磁共振有限公司、西门子线路保护系统有限公司、欧司朗(中国)照明有限公司、博西华电器(江苏)有限公司、上海 MWB 互感器有限公司、上海汽轮机有限公司、上海动力设备有限公司、传奇电汽(沈阳)有限公司;

2. 上海贝尔股份有限公司包括:上海贝尔股份有限公司、上海贝尔阿尔卡特股份有限公司;

3. UT 斯达康通讯有限公司包括:UT 斯达康(重庆)通讯有限公司、广东 UT 斯达康通信有限公司、UT 斯达康(中国)有限公司;

4. 松下集团包括:松下电工·万宝电器(广州)有限公司、北京松下照明光源有限公司、松下电化住宅设备机器(杭州)有限公司、杭州松下家电有限公司、上海松下磁控管有限公司、广东松下空调电器有限公司、上海松下微波炉有限公司、松下电器研究开发(中国)有限公司、杭州松下燃气具公司;

5. 艾默生有限公司包括:艾默生网络能源有限公司、艾默生环境优化技术(苏州)研发有限公司、艾默生电器(深圳)有限公司、艾默生加点应用技术(深圳)有限公司。

在参与中国标准的跨国公司中,还可以发现不少跨国公司参与了相关行业的系列标准制定,期望对这个领域标准的全面渗透,如表4.14 中所显示的,瑞士乔治费歇尔公司就分别以上海乔治费歇尔管路系统有限公司和亚大塑料制品有限公司的身份参与了橡胶和塑料工业的 15 个标准的制定。

表 4.14 瑞士乔治费歇尔公司参与的橡胶和塑料工业标准

外资企业	参与身份	参与的标准
瑞士乔治费歇尔公司	上海乔治费歇尔管路系统有限公司	1. GB/T 18252-2008 塑料管道系统用外推法确定热塑性塑料材料以管材形式的长期静液压强度
		2. GB/T 19473.1-2004 冷热水用聚丁烯(PB)管道系统 第1部分:总则
		3. GB/T 19473.2-2004 冷热水用聚丁烯(PB)管道系统 第2部分:管材
		4. GB/T 19473.3-2004 冷热水用聚丁烯(PB)管道系统 第3部分:管件
	亚大塑料制品有限公司	1. GB 15558.1-2003 燃气用埋地聚乙烯(PE)管道系统 第1部分:管材
		2. GB 15558.2-2005 燃气用埋地聚乙烯(PE)管道系统 第2部分:管件
		3. GB 15558.3-2008 燃气用埋地聚乙烯(PE)管道系统 第3部分:阀门
		4. GB/T 19712-200 塑料管材和管件聚乙烯(PE)鞍形旁通抗冲击试验方法
		5. GB 26255.1-2010 燃气用聚乙烯管道系统的机械管件 第1部分:公称外径不大于63 mm 的管材用钢塑转换管件
		6. GB 26255.2-2010 燃气用聚乙烯管道系统的机械管件 第2部分:公称外径大于63 mm 的管材用钢塑转换管件
		7. GB/T 8806-2008 塑料管道系统 塑料部件尺寸的测定
		8. GB/T 20674.1-2006 塑料管材和管件 聚乙烯系统熔接设备 第1部分:热熔对接
		9. GB/T 20674.2-2006 塑料管材和管件 聚乙烯系统熔接设备 第2部分:电熔对接
		10. GB/T 19806-2005 塑料管材和管件 聚乙烯电熔组件的挤压剥离试验
		11. GB/T 19808-2005 塑料管材和管件公称外径大于或等于90 mm 的聚乙烯电熔组件的拉伸剥离试验

4.4 外商投资参与中国标准化的影响

根据前面的数据,可以看出,跨国公司参与中国标准制定呈现出参与范围比较广、参与程度比较深、参与形式比较隐蔽的特点。这给我国的标准化建设带来积极和消极两个方面的影响。

4.4.1 外资参与中国标准化可能产生的积极影响

外资参与中国标准制定,给中国的标准化工作带来了一些积极的影响,使中国近距离学习到了标准化的成熟经验和具体做法,促进了国内标准发展的速度,增加了中国标准化过程的透明度,提高了中国标准化过程的国际化程度。

首先,跨国公司的参与使中国近距离学习到了标准化的成熟经验和具体做法,极大地促进了国内标准发展的速度。和 FDI 一样,跨国公司参与中国的标准化也会产生重要的技术和知识外溢效果。标准制定的过程,本身就是一个知识和信息交流的过程。在这个过程中,与跨国公司就相关的技术、专利的进行许可谈判和交流,使中国的同行在标准形成之前就有机会接触、了解相关领域的前沿技术及其发展方向。TD-SCDMA 在制定的过程中,西门子、诺基亚、摩托罗拉、高通等跨国公司的大量参与,为其成为三大国际 3G 通信标准之一起到了非常重要的作用。TD-LTE,下一代移动通信标准之一,是继 TD-SCDMA 之后中国提出的备受关注的国际标准,它的成功也是基于以中国移动为代表的中国电信运营商和以诺基亚西门子网络为代表的电信设备供应商之间的合作。

其次,跨国公司的参与提升了中国标准化过程的透明度。中国标准化管理机构、标准化技术委员会邀请包括跨国公司在内的所有利益相关者直接参与标准制定或向其征求意见,并为 WTO 及其成员定期提供最新的中国标准和技术法规信息。这些措施增加了国际层面和国家层面上中国标准化的透明度。AVS、TD-SCDMA、WAPI 和 IGRS 是中国比较成功的标准化联盟。然而联盟的成员不仅包括本土公司,也有跨国公司,而且跨国公司有时还占标准联盟的大多数。跨国公司在 TD-SCDMA 联盟成员中的比例就达到了 56.5%。在中国 ICT 产业标准中,跨国公司直接参与的就达到了 408 个。跨国公司如此大程度地参与中国 ICT 产业的标准化制定,使得中国 ICT 产业成为国内透明度最高、竞争最激烈,也是国际竞争力最强的产业之一。

最后,跨国公司的参与提高了中国标准化过程的国际化程度。国际化是中国标准化战略的重大目标。中国政府强调的是"走出去",即实质性地参与国际标准化活动,制定国际标准、管理标准制定机构、举办国际会议。跨国公司作为参与方和利益相关者参与中国标准化,是一种新形势的国际化,这丰富了国际化的实践含义,增强了中国标准化走向国际化的可操作性。跨国公司使中国标准化的过程、结果和政策都直接与国际市场相关,而不仅仅局限于国内市场。事实上,跨国公司如其他国际标准组织等因素一样,扮演着中国市场与世界市场的桥梁。华为公司从全球互联网最具权威的技术标准化组织"互联网工程任务组"(IETF)聘请三名经验丰富、备受尊重的国际标准化专家 Adrian Farrel、David Harrington 和 Spencer Dawkins 作为公司员工,直接参与其标准制定,特别是标准的国际化过程,为其成为中国标准化国际影响最大的企业产生了关键性的作用。

4.4.2　外资参与中国标准化可能产生的消极影响

跨国公司参与中国标准化其目的显然不只是在于提高中国标准的国际竞争力,还可能在于对中国的技术、市场、游戏规则产生长远的影响。

1. 控制技术

标准代表着所在行业一定的技术水平,但并非一定是该行业的最高技术水平。标准所呈现的技术水平,取决于主导和参与制定标准的相关利益方的技术水平、市场份额与谈判能力。出于自身利益的考虑,相关利益方会尽量将自己拥有自主知识产权的技术,或者对自己有利的技术写进标准。一旦这样的技术成为标准,整个行业的技术发展方向和路径以及研发和生产投入都将收敛于它,形成技术发展和产业发展的路径依赖,其他的技术发展方案都将面临被淘汰出局的危险。

跨国公司通过参与中国的标准化,将其具有自主知识产权的技术嵌入中国的国内标准,以锁定技术在标准的有效生命周期内限制中国厂商的研发投入方向,并进一步以专利池、专利隐藏、专利俘虏等方式来扩大标准的技术锁定范围,形成对中国厂商技术创新的围堵局面,使得中国的一些产业长期依赖于国外的技术供给,无法获得真正的自主创新技术,威胁国内产业安全的技术基础。同时,跨国公司通过直接参与、或者通过其在华合资、合作企业参与国内标准化技术委员会,或者将一些国际标准化技术委员会的秘书处设置在中国,以标准技术讨论的名义及时、广泛、深入地收集掌握国内相关技术的发展动态,甚至以技术讨论的名义有意识地引导国内技术的发展方向。

近年来我国烟气脱硫技术自主创新能力虽有大幅提高,但核心的工艺技术和一些关键设备的制造技术仍依赖进口。大多数脱硫公司不仅要向国外公司支付技术引进费,而且每承建一套脱硫设施还需支付一定的技术使用费。在与脱硫相关的 4 个国家标准中,有一个标准《橡胶衬里第 4 部分:烟气脱硫衬里》(GB 18241-2006)的起草单位中排名第二的是中德合资企业西格里防腐技术有限公司,该公司在石墨和电极商业领域中享有"全球性市场领导者"之誉,且德国企业 SGL 集团在该公司中占有 90% 的股份。

2. 控制市场

相关利益方将自己的专利技术写入标准之后,可以采取拒绝许可、收取高额许可费、以公平合理无歧视(FRAND)原则收取许可费、交叉许可、免费许可等方式来处理其在标准中的专利技术使用问题。无论是哪一种方式,主导标准制定的厂商都具有控制市场的权力,以形成市场垄断地位。

跨国公司通过两个途径来控制市场,一是排挤竞争者。跨国公司以拒绝许可或收取高额许可费的方式来处理其在标准中的专利技术时,事实上已形成市场的垄断。专利使用者,也就是跨国公司在中国的竞争者,要么被排挤出市场,要么不得不牺牲大量的利润来支付高额的专利许可费。曾经影响巨大的中国DVD产业因支付巨额专利费而逐步消失的案例仍是触目惊心。二是扩大用户规模。跨国公司以较低的专利使用费或者免费的方式让中国用户使用其嵌入中国标准的技术和专利,其目的就在于迅速获得网络外部性,使中国用户产生路径依赖和转换成本,最终控制中国市场,影响国内产业安全的市场基础。

在国家标准《葡萄酒》(GB 15037-2006)的4个起草者中,有两个具有浓厚的国际背景。一个是先与法国卡斯特携手创立国际酒庄联盟、后与意大利多来利同行打造中国起泡酒第一品牌的烟台张裕葡萄酿酒股份有限公司,另一个是早在1980年就与法国著名的人头马集团合资的王朝葡萄酿酒有限公司。这些来自国外的力量参与中国葡萄酒的国家标准制定,目的在于占有中国不断提升的葡萄酒市场份额。我国葡萄酒消费量仅占国内酒类年消费总量的1%,人均年消费仅为世界平均水平的6%,巨大的市场空间不言而喻。2011年我国进口葡萄酒总量为3.62亿升,同比增长27.6%,进口总值为13.93亿美元,同比增长80.9%。2012年,我国进口葡萄酒总量达3.95亿升,进口总值达15.82亿美元,成为世界葡萄酒消费第五大国。巨大的市场诱惑,使得国外葡萄酒厂积极参与到中国葡萄酒及相关标准的制定过程。

3. 控制规则

标准的制定、实施影响的不只是一个产品,而是一个行业、一个产业,因而其管理政策也成为各利益相关方关注的焦点。中国标准化正处于不断完善的发展过程中,国内标准的管理体制以及相关政策体系还需要不断建设、调整和完善,比如国内标准层级制度、不同利益相关方在标准制定过程中的参与和利益诉求制度、标准与知识产权的协调制度等,都存在着很大的建设和发展空间。跨国公司以其独特的市场和政治力量,充分利用中国标准化政策还处于模糊发展的状态,影响中国的标准化管理体系和政策,以及技术创新政策,特别是标准中的知识产权政策,形成一定程度的政策挟持,并进而影响我国的标准化主权和产业安全的政策环境。这样一来,一方面使跨国公司的标准制度和专利制度可以继续延续以前的做法而不受中国政府约束,另一方面严重限制了华为等技术创新和标准化能力很强的国内企业的合法利益诉求,影响了我国标准化政策和知识产权政策的完善。

4.4.3　原因分析

之所以会出现跨国公司如此大规模、深入地参与中国标准化活动,并对国内产业安全形成一定威胁,其原因主要是:

(1)从标准化角度认识产业安全的意识不强。

由于国内标准化整体水平不高、标准化意识不强,进而对标准影响产业、市场、技术的认识不够,也就不能从标准化的角度来考虑产业安全和国家安全问题,对标准化活动中的安全因素没有任何防范。

(2)标准化专业能力不强。

和国际标准化活动相比较,国内的标准化专业能力非常弱,无论是标准的制修定、还是标准化活动的开展,都与国际水平有很大的差距。特别是在参加国际标准化活动的时候,因为语言、经验和技术的差距,经常被国外力量所限制,不能形成有效的中国声音。因此,为了提升国内标准化专业能力,对国外的标准化专家和机构来华,国内基本上是持欢迎态度的。在这种环境下,对于产业安全问题也就相对忽略了。

(3)技术水平落后。

除了一些中国独有的技术,如中文输入,以及其他少数几个技术领域,中国企业技术水平在整体上较落后。为了尽快了解相关技术的国际发展动态,推动国内标准的国际化,一些企业和机构在制定国内标准的时候,积极欢迎国外的技术专家参与讨论,或者引入 ISO、ITU 等国家标准组织的技术委员会,或者承担一些相应的标准化会议。比如,湖南就有烟花爆竹(ISO/TC264)和起重机(ISO/TC96)两个国际标准化组织技术委员会,每年至少要召开一次年会。这样的活动大多属于纯技术或者纯学术性质,对安全问题的考虑也就不多。

第5章

基于标准竞争优势的贸易与投资：
中国参与国际标准竞争

中国在大规模吸引外资进入的同时，也大规模地向国际市场输出产品，近年来还大规模地对外进行投资和输出工程承包等服务。这不仅是一个规模不断扩大的过程，也是一个国际竞争力不断提升的过程。我国国际竞争力的提升，依赖生产能力和研发技术的发展，依赖对国际规则的逐步适应，也依赖标准竞争优势的逐步显现。中国的标准制修订机构和管理部门着力推动标准国际化的进程，中国的企业也在对外贸易、投资过程中不断强化中国标准的国际接受程度和国际竞争优势。本章在整体概述中国参与国际标准竞争情况之后，专门对华为、中兴通讯、浙江银轮、开元仪器等国内企业进行案例分析。根据自身的技术水平和市场影响，这些企业在国际标准竞争中，或采取领先控制策略，或采取跟随嵌入策略。而在实践操作中，对外工程承包和对外援助项目也是我国输出标准的良好平台。

5.1 中国参与国际标准竞争概况

随着国际分工的进一步细化，我国经济与世界市场融合程度急剧提高，特别是我国对外贸易规模、对外投资规模和对外工程承包急剧扩大，我国标准的国际化工作也越来越被重视。也就是说，要将中国标准推向国际市场，直接参与国际竞争，并逐步提高中国标准国际竞争的水平和能力，主要包括三个方面的工作：一是提高国内标准与国际标准的一致程度,通常以"采标率"来表示;二是积极参与国际标准化活动,加强我国在国际标准化活动中的影响和地位;三是推动国内标准成为国际标准,扩大国内标准在国际上的使用范围。

5.1.1　提高国内标准采标率

所谓"采标",就是指采用国际标准,即将国际标准的内容,经过分析研究和实践验证,等同或修改转化为中国标准(包括国家标准、行业标准、地方标准、企业标准),并按照中国标准审批发布程序审批发布。国际标准是指国际标准化组织(ISO)、国际电工委员会(IEC)和国际电信联盟(ITU)制定的标准,以及国际标准化组织确认并公布的其他国际组织制定的标准。

事实上,由于国际标准在国际贸易、技术转让和开展国际经济活动、技术交流与合作等方面具有重要的作用,世界各国都非常重视国际标准的制定和采用,ISO也将推行国际标准作为其一项重要的战略任务。

我国为了推动采标工作,根据《中华人民共和国标准化法》中关于"国家鼓励积极采用国际标准"的要求,在 2002 年专门发布了《关于推进采用国际标准的若干意见》和《"十五"期间国际标准转化计划》,从多个方面进行政策鼓励。表 5.1 说明了我国标准的采标情况,从表中数据可以看出,我国标准与国际标准的一致程度显然在逐步提升。

表 5.1　1998—2010 年国家标准中综合采标的数量及比例

年份	国家标准总数(项)	综合采标①的标准数量(项)	综合采标率(%)
1998	18 784	7 970	42.43
1999	19 118	8 237	43.09
2000	19 278	8 387	43.51
2001	19 744	8 621	43.66

---

① 综合采标即综合采用国际标准,是指国家标准中所有与国际标准或国外先进标准有对应关系的标准。

续表

年份	国家标准总数(项)	综合采标的标准数量(项)	综合采标率(%)
2002	20 206	8 931	44.20
2003	20 906	9 250	44.25
2004	21 342	9 381	43.96
2005	20 688	9 494	45.89
2006	21 410	9 931	46.38
2007	21 569	10 024	46.47
2008	22 931	10 483	45.71
2009	23 651	11 622	49.13
2010	25 324	12 267	48.44

资料来源 : 根据《中国标准化发展研究报告》相关数据整理。

我国在制定各年度"采标"计划时,重点考虑的对象主要包括 : ①国家经济结构调整、产业发展和市场、企业急需的国际标准项目 ; ②为履行中国加入 WTO 的承诺急需的国际标准项目 ; ③中国亟须制定的强制性标准所对应的国际标准项目 ; ④填补国内标准空白的国际标准项目。这些措施充分反映了国内标准领域对国际先进技术的跟踪,同时也通过国际标准在国内生产、消费等领域的应用,充分吸收了外部标准产生的逆向溢出效应。

5.1.2　参与国际标准化活动

除了加强国内标准采标之外,我国也通过更加积极地参与国际标准化活动来推动标准国际化的工作。这主要包括几个方面的内容 :

第一,参与或主导制定国际标准,推动国内标准成为国际标准。将包含自主知识产权的国内标准发展成为国际标准,是世界上许多国家提升国际竞争力的标准化战略行为,是我国一项重要的战略部署,也是最能体现我国在国际标准化领域影响力的一个重要指标。虽然我国国内标准成为国际标准在整体规模上并不大,但近年来的进展是非常快的。截至 2012 年 7 月,已有 119 项由我国提交的国际标准提案正式发布为 ISO 及 IEC 国际标准①。

2009 年,我国向 ISO 和 IEC 提交了汽车用 LED 前照灯、真空管型太阳能集热器、集装箱箱封编码、纺织品中邻苯二甲酸酯的测定、卷烟端部掉落烟丝的测定、智能传感器网络协同信息处理支撑服务和接口规范信息技术、工业无线网络 WIA 规范、工业检测型红外热像仪、网络家电通用要求和安全防范视频监控数字视音频编解码技术规范等 39 项具有我国特色优势的国际标准提案。2010 年,我国向 ISO 和 IEC 提交了语言培训服务—基本需求、建筑施工机械与设备—混凝土输送管—型式与尺寸、柔软电缆空白详细规范等 32 项具有我国特色优势的国际标准提案。

标准提案的数量虽然在快速增长,但相对于整个国际标准数量来讲却是相当小的一个比重。同时,我国主导制定的国际标准多集中在某些具体技术领域,在公共安全、环境保护、食品安全、能源、医疗卫生、信息技术、材料、建筑、服务业和农业等领域中还没有取得很大的进展,需要进一步挖掘我国的优势技术和特色技术。

第二,参与国际标准组织管理,承担技术委员会活动。我国现在已经成为 ISO 和 IEC 大多数技术委员会(TC)和分技术委员会(SC)的成员,占总数的 96%。截至 2012 年 7 月底,我国共承担 ISO、IEC 技术机构秘书处达 61 个,承担 ISO、IEC TC/SC 的主席和副主席共 25 人。继 2008 年我国成为 ISO 常任理事国以来,2013 年 9 月中国标准化专家委员会委员、国际钢铁协会副主席、鞍山钢铁集团总经理张晓刚成功当选 ISO 主席。这是 1947 年 ISO 成立以来,中国人首次担任这一国际组织的最高领导职务。这些活动使我国与美、德、日、英、法的差距进一步缩小,为提高我国在相关国际标准技术领域的话语权和影响力,巩固我国常任理事国地位起到了推动作用。

---

① 其中有 4 项冶金项目《ISO 16120—1:2011 制丝用非合金钢盘条第 1 部分:一般技术条件》、《ISO 16120—2:2011 制丝用非合金钢盘条第 2 部分:一般用途盘条的技术条件》、《ISO 16120—3:2011 制丝用非合金钢盘条第 3 部分:沸腾钢及沸腾钢替代品地毯钢盘条的技术条件》、《ISO 16120—4:2011 制丝用非合金钢盘条第 4 部分:特殊用途盘条的技术条件》为修订标准项目。

表 5.2　我国承担 ISO、IEC 中的 TC、SC 国际秘书处数量

2012 年	2011 年	2010 年	2009 年	2008 年	2007 年	2006 年	2005 年
4	7	13	6	7	8	1	4

2004 年	2003 年	1995 年	1993 年	1991 年	1988 年	1987 年	共计
2	3	1	2	1	1	1	61

2009 年,我国积极申请并承担 ISO 粮食技术委员会/茶叶分委员会(ISO/TC34/SC8)、ISO 带轮和带技术委员会(ISO/TC41)、ISO 房屋建筑技术委员会/连接产品分委员会(ISO/TC59/SC8)、ISO 包装技术委员会/环境与包装分委员会(ISO/TC122/SC4)等 6 个 ISO/IEC 技术机构秘书处。2010 年至今,积极申请并承担 ISO 环境管理/温室气体管理和相关活动分委员会(ISO/TC207/SC7)、ISO 钟表/挂钟分委员会(ISO/TC114/SC14)、ISO 纺织品/清洗,整理和防水试验分委员会(ISO/TC38/SC2)、ISO 管道输送系统分委员会(ISO/TC67/SC2)、ISO 纺织品/彩色纺织品和颜料的试验(ISO/TC38/SC1)、ISO 塑料技术委员会(ISO/TC61)、ISO 薄壁金属容器技术委员会(ISO/TC52)、ISO 肉禽鱼蛋及其制品分委员会(ISO/TC34/SC6)等 8 个 ISO/IEC 技术机构秘书处。

国内一些企业也根据各自的技术水平和国际市场需要积极参与相应的国际标准化组织。以华为公司为例,据其主管标准化和知识产权的副总裁透露,华为参加了 100 多个国际标准组织,并且依据技术覆盖面的大小差异,来选择"试探性参与"、"阶段性重点"和"长期重点"的策略。比如,对于与公司技术关联度相对较小的 W3G、OASIS、DLNA 等组织,采取的策略是"试探性参与",对于与公司技术关联度相对较大的 CableLabs、IRTF、Open IPTV Forum 等组织,采取的策略是"阶段性重点",而对于与公司技术关联度非常大的 ITU、IEEE、IETF、wimax 等组织,则采取"长期重点"的策略。

第三,参与和承办国际标准会议。我国每年派出几百名专家出席 ISO、IEC 组织的上百次技术会议,同时每年在国内承办约 20 个国际标准论坛和技术领域会议,开发国际标准组织基础领域的数据库。这些活动的顺利完成和成功举办,

一方面促使我国在国际标准化过程中充分表达自己的意见,争取我国应有的权利;另一方面也展示了我国在标准化领域出色的组织、管理和科研能力,表明了我国在国际标准化领域影响力的进一步增强。更重要的是,通过参与国际标准化活动,加强了与国际标准领域的交流与沟通,也把国际标准的最新发展情况反馈回我国,对于我国标准化工作的发展具有极其重要的促进作用。

5.1.3 推动国内标准成为国际标准

我国在标准国际化工作的早期,更多地推动"采标",即在国内标准制定的时候,采用国际标准或者国际先进标准,而对推动国内标准成为国际标准、扩大国内标准在国际使用范围的工作没有引起足够的重视。随着我国贸易和投资规模的扩大,特别是在处理对外贸易投资争端的过程中,越来越感觉标准主动权的重要性。因此,在整个国家标准化战略中,逐步加强了对这项工作的推进。

以我国在 ISO 中主导制定国际标准的情况来看(表 5.3),在 2006 年以前,我国在 ISO 中的国际标准一直处于空白状态。从 2006 年开始,有 34 项中国标准被确认为国际标准,在 ISO 发布的国际标准中占比 0.21%。截至 2010 年,我国共有241 项标准被 ISO 确认为国际标准,在 ISO 发布的国际标准中占比 1.25%。

表 5.3 1998—2011 年中国技术标准国际化情况

年份	被 ISO 确认的国际标准(项)	ISO 发布的国际标准(项)	在 ISO 中占比(%)
1998	0	11 950	0
1999	0	12 524	0
2000	0	13 025	0
2001	0	13 544	0
2002	0	13 736	0
2003	0	14 251	0
2004	0	14 941	0
2005	0	15 649	0
2006	34	16 455	0.21

续表

年份	被 ISO 确认的国际标准（项）	ISO 发布的国际标准（项）	在 ISO 中占比（%）
2007	45	17 041	0.26
2008	222	17 765	1.25
2009	234	18 083	1.29
2010	241	19 217	1.25

资料来源：国家标准管理委员会、历年《国际标准发展研究报告》以及根据 ISO 网站（http://www.iso.org）的信息整理而得。通过在国家标准查询中的"采用国际标准"选择 ISO 确认的国际标准，在"发布日期"输入各年份的起止时间，该数据表示的是我国标准被 ISO 确认为国际标准的数量。

截止到 2012 年 7 月，我国已通过 ISO、IEC 发布国际标准 119 项（表 5.4），这个数字虽然不大，但说明了一种趋势，中国在国际标准舞台不再是无声的接受者，而是一个不断发出自己声音的积极参与者。这些标准的提交单位构成非常多元化，既有研发机构、大学，也有企业单位，还有国内标准化制修订机构和产业联盟。华为技术有限公司、西电捷通有限公司、TCL 集团股份有限公司、中钢集团洛阳耐火材料研究院有限公司、数维科技（北京）有限公司、南车株洲电力机车研究所有限公司等企业在其中表现非常积极。

表 5.4　我国在 ISO、IEC 发布国际标准的数量

1981 年	1989 年	1994 年	1997 年	1999 年	2000 年	2001 年	2002 年	2003 年
1	1	1	2	2	4	7	10	2

2004 年	2005 年	2006 年	2007 年	2008 年	2009 年	2010 年	2011 年	2012 年
14	4	9	8	8	14	17	11	3

5.2　中国的国际标准竞争策略（一）：领先控制

Peter Grindley（1995）认为一个企业进行标准竞争的目的在于通过标准来赢

得竞争优势,并追求利润最大化。他根据企业的技术能力和市场份额将企业的标准竞争战略分为领先战略和跟随战略,并且进一步根据企业在技术上的领先程度、产品差异程度、资源占有程度、市场规模与盈利能力来判断企业在进行标准竞争时,是应该采取开放合作的策略,还是垄断封闭的战略(Peter Grindley,1995)。

中国企业的技术水平在整体上相对落后于世界市场,但在一些特定的行业和领域,一些中国企业却表现出很强的竞争实力与水平,信息通讯产业就是一个非常典型的例子。作为一个技术创新速度非常快的产业,信息通讯产业对标准的需求和供给都非常大。中兴通讯和华为是两家具有世界影响的中国企业,他们在标准化领域也作出了卓越的成绩。无论是国内标准化活动,还是国际标准化活动,他们都是非常活跃的。随着他们的技术水平的提升和国际市场份额的提高,他们的国际标准竞争战略也逐步从初始的参与,发展到现在的领先控制。

5.2.1 中兴通讯的标准化实践[①]

在国内,中兴通讯参与制定的国家、行业标准和企业标准共计 1 300 多项,参与率在 90% 以上。目前中兴通讯已有 16 名专家在国家、行业标准化组织中担任副主席、组长、副组长等领导职务,连续 6 年累计 30 多个标准项目获得 CCSA 科学技术奖。由于在积极推进中国通信标准研究发展方面做出了非常重要的突出贡献,成为中国第一批重要技术标准研究专项试点企业和深圳市高新技术标准试点企业,多次获得 CCSA 优秀会员单位称号。2009 年 3GPP WCDMA 增强型小区前向接入信道状态项目和 2010 年 ITU-T IPTV 功能架构标准项目,连续两年获得深圳市标准创新大奖。

---

① 感谢中兴通讯股份有限公司北京分部的孙志斌博士和孟玮经理的热情接待与耐心解答,感谢清华大学公共管理学院梁正教授的帮助与支持。

表5.5 中兴通讯在中国通信标准化协会中的参与情况

技术工作委员会	工 作 组	职 务
TC5 无线通信技术工作委员会		副主席
TC1 IP与多媒体通信技术工作委员会	WG1 网络协议系统与设备工作组	副组长
TC1 IP与多媒体通信技术工作委员会	WG3 信源编码工作组	副组长
TC1 IP与多媒体通信技术工作委员会	WG4 新技术与国际标准工作组	副组长
TC3 网络与交换技术工作委员会	信令与协议工作组	副组长
TC5 无线通信技术工作委员会	WG3 宽带无线接入工作组	副组长
TC5 无线通信技术工作委员会	WG4 CDMA One & CDMA 2000 工作组	副组长
TC5 无线通信技术工作委员会	WG9 TD-SCDMA & WCDMA 工作组	副组长
TC6 传送网与接入网技术工作委员会	WG4 光器件工作组	副组长
TC7 网络管理技术工作委员会	WG1 无线通信管理工作组	副组长
TC8 网络与信息安全技术工作委员会	WG1 有线网络信息安全工作组	组 长
TC8 网络与信息安全技术工作委员会	WG2 无线网络信息安全工作组	副组长
TC9 电磁环境与安全防护技术工作委员会	WG1 电信设备的电磁兼容工作组	副组长
TC10 泛在网技术工作委员会	WG2 应用工作组	副组长
TC10 泛在网技术工作委员会	TC10 泛在网技术工作委员会 WG3 网络工作组	副组长
TC11 移动互联网应用和终端	WG2 业务平台与应用工作组	副组长

在国际标准舞台,中兴通讯目前已经成为70多个国际标准化组织和论坛的成员,包括:ITU-T、ITU-R、ITU-D、ETSI、3GPP、3GPP2、NGMN、OMA、BBF、GSMA、IEEE 等。中兴通讯基于多年的自身技术积累,向国际标准技术热点领域提交了大量提案,积极为国际通信标准的发展贡献力量。截至目前已向 ITU-T、ITU-R、3GPP、3GPP2、IEEE、OMA、IETF、BBF 等国际标准组织提交文稿18 000 多篇,内容重点涵盖 LTE、物联网、云计算、NGN、承载网、多媒体通信、终端、网络安全等多个技术领域,其中绝大部分文稿被采纳。

表 5.6 中兴通讯在重点国际标准组织中的职位

重点国际标准组织	ZTE	
	工作组	职 位
3GPP	GERAN	副主席
	RAN5	报告人
	CT4	报告人
	CT4	报告人
	CT4	报告人
	SA1	报告人
	SA2	报告人
	SA2	报告人
	SA2	报告人
	SA2	报告人
	SA5	报告人
ITU-T	SG13	副主席
	WP 2/13	联合主席
	Q 3/13(WP 2/13)	报告人
	Q 24/13(WP 2/13)	报告人
	Q 12/15(WP 3/15)	报告人
	SG9	副主席
	WP 2/9	主席
	FGCC	副主席
	SG17	副主席
	WP 3/17	主席
	Q 11/2(WP 2/2)	报告人
3GPP2	TSG-A	主席
	TSG-X	副主席
OMA	CD	副主席
	CD TAS WI	WI 成员
	RCC	WI 成员

表 5.7　中兴通讯历年国际标准提案增长情况

年度	国际提案数量	同比提升率	累计国际提案数量
2002	15	—	15
2003	85	467%	100
2004	532	526%	632
2005	1 185	123%	1 817
2006	1 696	43%	3 513
2007	1 960	16%	5 473
2008	2 823	44%	8 296
2009	3 615	28%	11 911
2010	3 780	5%	15 691
2011*	3 200		18 891

注:∗2011 年数据为截至当年 10 月的大概数据。

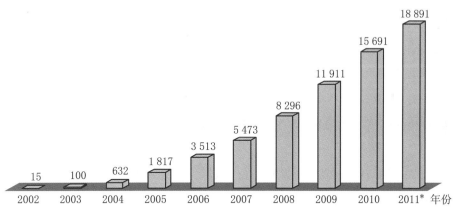

图 5.1　中兴通讯历年累计提交国际标准提案对比

经过几年的积累,中兴通讯选拔和培养了一支技术精湛、熟悉国际标准化规则、活跃在国际标准化活动中的专家队伍。通过这些国际化标准专家的积极工作和参与,中兴通讯累计已有 30 多名专家在国际标准组织中担任主席、报告人等领导职务,同时取得了 160 多个国际标准编辑者(Editor)席位和起草权。中兴通讯已在国际权威标准领域占有了一席之地,在各类标准组织的主导能力不断增强。

中兴通讯同时承办了 30 多次大型重要国际标准化会议。

5.2.2 华为的标准化实践[①]

华为公司将参与行业标准的制定视为一项战略性工作,并在集团和业务部门逐级设立专门的标准部门,专职标准队伍人数超过 400,形成了技术水平高、能稳定从事行业标准制订的专家群体。之所以这么重视标准,是因为华为相信行业标准能保护市场准入、实现专利防御、构筑全球品牌、支持互联互通、提升研发质量和促进多边合作等,最终目标在于依托国内外标准组织为行业做出贡献,以构筑健康的生态系统,与业界同行共享市场利益。

截至 2012 年底,华为加入全球 150 个行业标准组织,如 3GPP、IETF、IEEE、ITU、BBF、ETSI、ATIS、TMF、WFA、CCSA、OMA 等。根据技术覆盖面和公司的关注度,华为公司将所参与的标准组织分为试探性参与、阶段性重点和长期重点三种类型,其中,IEEE、ITU、中国通信标准化协会、IETF、3GPP 等机构因为涉及到华为技术的各个方面,而成为其长期重点关注和参与的对象。2012 年华为向这些标准组织提交提案累计超过 5 000 件,并担任 ETSI、ATIS、IEEE、OMA、CCSA、WFA、WiGig、OASIS 等组织的董事会成员,在各标准组织中担任 180 多个职位。

在固定网络业务领域,华为加入了互联网工程任务组(IETF)、国际电信联盟标准化组织(ITU-T)、开放网络基金会(ONF)、宽带论坛(BBF)、欧洲电信标准化协会(ETSI)、美国电气和电子工程师协会(IEEE)、光纤互联网络论坛(OIF)、城域以太网论坛(MEF)等 8 个主要标准组织,担任了 24 个高端标准职位(WG 主席及以上)及 100 多个标准编辑人(Editor)职位。其中,在 ITU-T 华为担任了第 11 研究组主席及第 15 和第 16 研究组副主席职位,并在相应的标准课题组担任了 6 个

---

① 根据华为公司网站资料(http://www.huawei.com/cn/industry/standards—contributions/index.htm)改写,也要感谢华为技术有限公司北京分部孔瑜总监的热情接待与耐心解答,感谢清华大学公共管理学院梁正教授的帮助与支持。

报告人（Rapporteur）职位，以及 30 多个重要技术标准的 Editor 职位；平均每年向国际电信联盟标准化组织提交 100 多篇技术提案，自 2005 年至今累计提交了 800 多篇提案，80％的提案被接纳。在 2013 年的 ETSI ISG NFV 第一次会议上，华为代表当选总体架构组（Architecture of the Virtualisation Infrastructure）联合主席职位，以及项目经理（Program Manager）职位并作为技术指导委员会（Technical Steering Committee）的成员，负责管理 NFV 标准制定过程。在 IETF 华为是互联工程指导组（IESG）和互联网架构委员会（IAB）的成员，并担任了互联网工程任务组 11 个工作组的联合主席职位，以及路由和安全领域的多个理事职位。在华为主导并成功发布的 100 多篇 RFC 标准中，固定网络领域有近 70 篇。目前在互联网工程任务组中有 150 多名活跃作者及 450 多篇活跃草案，在 IETF 处于第二位。

在无线通信领域，华为担任了 100 多家相关标准组织的主席、副主席、董事、各子工作组组长、报告人、技术编辑等至少 89 个职务，包括 3GPP RAN2 副主席、3GPP RAN3 副主席、3GPP RAN4 副主席、3GPP GERAN 副主席、3GPP SA2 副主席、3GPP SA5 主席、3GPP CT 副主席、3GPP CT1 主席、3GPP CT3 副主席、WWRF 主席、ITU-R SG5 副主席、WFA VHT5G TTG 副主席、WFA Network Power Save TTG 主席、IEEE 802.11ac TG 主席等。自 2010 年开始，华为向 3GPP 提交的标准提案，位居全球第一，展示了强大的标准与概念领导能力，特别是在 3GPP 的系统架构和网络设备技术研究和标准制定中，华为正主导着 LTE、LTE-A、EPC 标准的制定和发展。在 3GPP、3GPP2、ITU-R、IETF、WiMAX Forum、IEEE 等无线通信领域主要的国际标准组织中，华为提交了 17 572 件次提案，其中 40％获得通过。在无线通信领域的国际标准中，华为拥有 1 951 件次基本专利，LTE 标准专利排名世界第一，LTE-A 领域业界处于领先地位，LTE/EPC 领域已经在 ETSI 上声明 798 件基本专利，占全球该领域的 14.4％，位列全球第一；其中 UMTS 领域已经在 ETSI 上声明 743 件，占 UMTS 领域声明总数的 6％；GSM 领域已经在 ETSI 上声明 143 件，占 GSM 领域声明总数的 2％。

在光传送网（OTN）领域，华为从 2005 年开始，提交 OTN 的技术解决方案和标准提案，逐渐主导了 ITU-T 的 OTN 系列标准的制定，奠定了 OTN 物理层标准基础,已成为 OTN 产业的技术创新和标准制定的领跑者。2013 年 3 月,在美国达拉斯举办的 ITU-T SG15 课题组会议上,华为提交了多篇 Flex OTN 文稿,并推动 Q11 课题组在 B100G 接口路由方式以及时隙粒度方面达成一致,为 Flex OTN 后续讨论奠定了坚实的基础。

在电信软件与核心网 TMF 领域,华为紧扣 BSS/OSS 行业形势,在 TMF Frameworx 的 Business Process Framework、Information Framework、Integration Framework 等核心技术中持续贡献,主导 eTOM billing domain level 4 分解和 e-payment 模型建立,在 Data Analytic,Cloud Computing 等方面,主导 Data Analytic、Cloud Migration 等 TMF 技术孵化项目,为未来 BSS/OSS 领域的发展提供了技术支撑。因其对 BSS/OSS 行业和 TMF 的持续贡献,华为连续 2 年获得 TMF 行业大奖——"Solution Excellence Award"(2010)和"Industry Leadership Award"(2011),以及个人贡献方面的最高荣誉:两次 Contributor Spotlight(2011)以及一次 Outstanding Contributor(2011)。

5.3 中国的国际标准竞争策略(二):跟随嵌入

一些技术上不能在国际市场占到领先控制地位的国内企业,在进行国际标准竞争的时候,不能采取领先控制策略,只能选择跟随嵌入的策略,通过各种商务和技术合作的机会,来实现自己与国外客户的紧密融合,逐步将自身的技术和生产优势嵌入国际分工的大系统之中,进而提升在国际市场的竞争能力。跟随嵌入策略的具体做法比较多,如同步开发、技术合作、间接合作,等等方式,企业会根据自身的技术水平和国际市场的进入方式来选择。本节提供浙江银轮机械股份有限公司、长沙开元仪器股份有限公司和马鞍山市星新机械材料有限公司三个企业的案例,分别说明这三种标准竞争合作的方式。

5.3.1　浙江银轮机械股份有限公司①

1. 银轮公司基本情况

浙江银轮机械股份有限公司(以下简称银轮公司)是我国汽车零部件散热器行业龙头企业,已形成油冷器、中冷器、散热器、冷却模块总成、尾气再循环冷却器及铝压铸件等六大系列3 000多个品种规格,年产销量超过1 000万件,已达到20亿元的产值规模。主导产品机油冷却器、中冷器国内市场占有率分别达到45%和35%。公司的产品已由单个零部件发展到总成模块及系统,由满足欧Ⅰ、欧Ⅱ排放标准的中冷器发展到能满足欧Ⅳ、欧Ⅴ排放标准的EGR系统和SCR系统,由内燃机、商用车配套领域发展到轿车、工程机械、农业机械、火车机车、船舶、发电机组等配套领域并开始向民用、工业智能、环保、节能、高效产品方向延伸和发展。公司产品远销亚、欧、美等国际市场,与国内外众多知名内燃机、汽车、工程机械、农业机械、风力发电、火车机车、发电机组等领域企业建立了主配套关系。

2007年4月18日,公司在深圳证券交易所成功上市,成为我国汽车零部件散热器行业的首家民营上市企业。为了适应不断提高的顾客要求和不断发展的环保节能及新能源技术,公司提出"四个国际化"战略,即产品国际化、工厂国际化、人才国际化和管理国际化,力争通过五到十年的努力奋斗,将银轮打造成百亿级"世界级优秀热系统集成供应商",并进入国际同行前六名。

2. 银轮公司的标准化实践

浙江银轮机械股份有限公司非常重视标准化工作,在研究院专门设立标准化部门,由技术人员和设计人员直接承担标准化工作,在公司自行开发的一种具有明显银轮特征的管理模式——YBS(银轮业务精准管理系统)中,明确提出要"推动标准化工作"。所以公司不仅非常重视企业内部的标准化,先后通过了

---

① 本节案例主要素材来自企业官方网站 www.yinlun.cn,以及对企业的直接访问,感谢浙江银轮机械股份有限公司研究院的夏立峰高工的热情接待和细心解答,感谢台州市质监局标准化处江传文处长和台州市职业技术学院张帆老师的大力帮助。

ISO9002、QS9000、VDA6.1 及 ISO/TS16949、ISO14001、OHSAS18001"三合一"体系认证,而且还非常重视标准的制修订工作,即使公司的标准化工作没有得到国家和省级的足够资金补助,仍然致力于国家标准和行业标准的制修订,以及在标准化技术委员会中的工作。

银轮公司目前是我国内燃机散热器行业标准牵头制订单位,承办了"全国内燃机标准化技术委员会热交换器工作组"(SAC/TC177/WG8)的具体事务,作为主要成员单位参与制修订了包括国家标准 GB/T 23338-2009《内燃机 增压空气冷却器 技术条件》在内的 13 项国家/行业标准,目前已经报批的标准有 5 个,正在做的标准有 3 项。表 5.8 是银轮公司参与制修订标准的具体情况。

表 5.8 浙江银轮机械股份有限公司参与制修订的国家/行业标准一览表

序号	标准号	标准名称	备 注
1	JB/T 6003-2004	内燃机 板翅式机油冷却器 技术条件	第二起草人
2	JB/T 10408-2004	内燃机 换热器可靠性试验方法	第二起草人
3	JB/T 10506-2005	内燃机 增压空气冷却器 技术条件	第二起草人
4	JB/T 8577-2005	内燃机 水散热器 技术条件	第二起草人
5	JB/T 6003.3-2008	内燃机 机油冷却器 第3部分:传热性能试验方法	第二起草人
6	GB/T 23338-2009	内燃机 增压空气冷却器 技术条件	第二起草人
7	JB/T 5085-2010	柴油机 水冷却器 技术条件	第二起草人
8	JB/T 6003.2-2010	内燃机 机油冷却器 第2部分:管壳式机油冷却器 技术条件	第二起草人
9	QC/T 828-2010	汽车空中冷器 技术条件	第二起草人
10	JB/T 6009-2011	小功率柴油机 水箱 技术条件	第二起草人
11	JB/T 8127-2011	内燃机 燃油加热器	第二起草人
12	JB/T 6726.1-2011	内燃机 冷凝式散热器 第1部分:技术条件	第二起草人
13	JB/T 6726.2-2011	内燃机 冷凝式散热器 第2部分:试验方法	第二起草人

续表

序号	标准号	标准名称	备　注
14	2009-2289T-JB	内燃机　管翅式机油冷却器　技术条件	制定,已报批第一起草人
15	2010-1411T-JB	内燃机　废气再循环冷却器(EGC)	制定,已报批第一起草人
16	2010-1413T-JB	内燃机　换热器　风洞试验装置	制定,已报批第一起草人
17	2010-1414T-JB	内燃机　板翅式机油冷却器　技术条件修订 JB/T 6003-XXXX	已报批,第一起草人
18	2011-1929T-JB	内燃机　换热器可靠性试验方法修订　JB/T 10506-XXXX	已报批,第一起草人
19	2013-0436T-JB	内燃机　机油冷却滤清模块	推荐,制定;第一起草人,起草阶段
20	2013-0437T-JB	内燃机　机油散热器　技术条件推荐　修订 JB/T 10505-2005	第一起草人,起草阶段
21	2012-1712T-JB	内燃机　水散热器　技术条件修订　JB/T 8577-XXXX	主持,征求意见稿

　　但在银轮公司看来,更重要的标准化内容是与国外客户合作的地位的变化。在公司成立之初,公司主要是严格按照国外客户的订单和要求来加工、生产产品,纯属一个被动接受国外客户标准的地位。而现在公司已经拥有较强的车辆热交换器与热系统的匹配技术,实现模块化设计并能与主机厂同步开发。同步开发(Simultaneous Development,SD),在汽车工程领域又叫做同步工程(Simultaneous Engineering,SE),指相关产品各个系统设计、工艺的同步进行。从概念构想开始,在产品设计、分析、试制、制造、销售、售后服务的全过程,企业通过系列活动不断创新、不断优化,提升产品流程,降低制造成本,缩短研发周期。例如在汽车业的设计,包括车身、底盘、电器等16个系统的整车开发与所有零部件开发都同步进行;在汽车的工艺环节,包括冲压、涂装、焊接、总装及质量培育等各相关业务也都同步进行(诸德春,2011)。同步开发让企业从一开始就站在产品设计与制造全过程的高度,在产品设计的早期阶段就考虑其后期发展的所有因素,打破了企业组

织结构部门分割封闭的传统,强调所有部门和供应商参与协同。发达国家企业这样的开发模式,给在某一个领域或者某一个零部件的生产和研发拥有独特技术优势的发展中国家同步嵌入的机会。

从2008年开始,银轮公司就已经能够参与国际厂商新产品的开发,从参与到个别客户的个别产品研发阶段,到大面积深度参与客户的散热器、中冷器、变速器机油冷却器和液压油冷却器等的模块总成,在所涉及的技术模块中,引入自己的理念、技术和标准。比如,在与康明斯、珀金斯等重要客户的合作中,就被邀请参与其新产品的同步开发并取得了成功;在与卡特比勒公司同步开发工程机械冷却模块产品之后,双方形成了战略合作关系。按照丰田公司对供应商的分类,形成了战略合作关系的供应商,就需要供应商能够在主机厂客户仅仅提供产品概念的情况下,完整地生产出相应的零部件。

表5.9 丰田公司的一级供应商

分类要素	合同制	咨询式	成熟的供应商	合作伙伴
设计职责	主机厂	联合设计	供应商	供应商
产品复杂性	简单零件	简单组件	复杂组件	完整的子系统
由主机厂提供的技术规格	完整的设计或者是供应商的目录产品	详细的技术规格	关键的技术路线	概念
供应商对技术规格的影响	无	有所体现	协商	合作
供应商介入的时间	样车	概念批准以后	概念车	概念预研
部件测试职责	主机厂	供应商加入	联合	供应商
供应商开发能力	略有	较强	强	独立齐全

资料来源:James M. Morgan, Jeffrey K. Liker,《丰田产品开发体系,精益企事业中国译》,北京:中国财政经济出版社,2008年,第105—120页。

通过与国外客户的同步开发合作,银轮公司不仅了解到行业技术的最新发展,而且将自己的技术和标准通过模块化设计融入国际最新产品设计和生产标准中。更进一步,作为国内汽车零部件散热器行业的龙头企业,银轮公司通过其参与国内行业标准制定和讨论,特别是通过其内燃机散热器行业标准牵头制订单位的机会,能够非常及时地将国际最新技术动向反馈出来,对于提升国内相关标准的整体技术水平、引入和借鉴国际最新技术动态有着极其重要的作用。

3. 银轮公司标准化工作的经验

浙江银轮机械股份有限公司的标准化是一个非常典型的通过标准成功跨越国际技术鸿沟、提升自身竞争优势的案例。

(1)注重自主创新能力建设。

银轮公司非常注重企业的自主创新能力建设,多年来一直努力提升自主研发能力。首先,加强和相关高校、科研机构的交流与合作。2000年以来,银轮公司先后与浙江大学、上海交通大学、哈尔滨工业大学、浙江科技学院建立了联合研发中心,与中国内燃机研究所、清华大学、奥地利AVL研究所、白俄罗斯雷科夫研究所及国内多家知名高校和研究机构建立了长期的合作关系。其次,不断加大研发投入,优化研发人员结构。银轮公司现在的研发投入占当期销售收入的比例已达到4%以上,公司研发机构由当初的设计所发展到现在的省级企业研究院,并获准设立国家级博士后科研工作站;研发人员由当初十几人发展到现在的200多人,由当初的以大专学历为主发展到现在的以本科学历为主,博士、硕士占较大比例;研发队伍中拥有博士10人、硕士30人,其中有6名是具有在国际同行企业多年工作经验的业内专家级高端人才。第三,提升研发硬件条件,研发手段由当初的手工制图发展到现在的全部计算机模拟分析与计算,由当初的来图来样加工发展到现在的同步开发甚至部分超前开发,由当初的简陋试验台发展到现在的拥有国际一流试验检测设备、全国最大、试验手段最齐全的热交换器试验检测中心,由当初代加工发展到现在能为客户提供换热解决方案。通过这几方面的努力,银轮公司的研发能力不断增强,与国际同行的差距越来越小。这就为银轮公司在构建标准竞争优势方面提供了坚实的技术基础。

(2)积极参与国际前沿技术开发。

基于自身过硬的自主创新能力、近30年产品开发和技术研究的经验积累,以及完全能够满足国内外主机厂要求的产品开发和检验标准,公司具备了非常强的配套同步开发能力。所以,在与国内外知名主机厂合作时,公司不仅能够根据客户的需要对产品进行不断的改型和改进;在主机厂的新产品开发过程中,还能够直接根据主机厂提出的性能要求和安装要求进行同步开发,不断优化,持续改进。与国际性大公司合作时,公司即时、快速、灵敏的反应能力以及产品的改进、改型、开发速度得到客户的认可和赞赏。2011年以来,为支持约翰迪尔的新项目开发,公司成立了由公司副总带队的迪尔项目小组,成功完成了5吨装载机冷却系统的设计/开发/样件制作工作,并利用自身掌握的冷却系统的经验/技术/测试手段,对样件进行了有效的认证和改进,最终确保了产品各项性能完全符合迪尔的要求,并在成本上达到迪尔的目标;与此同时,银轮公司还为迪尔发动机工厂成功开发了多款冷却器产品。正因为银轮公司超强的技术能力和服务水平,2012年12月5日,约翰迪尔在其中国供应商大会上特为银轮公司颁发"最佳技术支持奖"。与国外用户的这些合作,不仅展示了银轮公司的技术实力,更重要的是让银轮公司直接参与到国际厂商的产品设计与研发,最早时间了解到行业尖端技术与发展趋势。

（3）主导国内标准制定。

作为我国内燃机散热器行业标准牵头制定单位,银轮公司积极参与、主导国内相关标准的制修订。这一个环节让银轮公司的标准竞争优势得到了良性循环并进一步凸显。起初银轮公司完全按照国外客户的标准要求生产加工产品,在标准方面没有发言权;但是,银轮公司通过努力发展自身坚实的技术能力与水平,从被动生产产品逐步发展到参与国外客户的新产品研发与同步开发,在一些技术模块中实现技术的自我供给,获得一定程度的主动权;然后,银轮公司利用制定国内标准的平台,将国际先进技术指标引入国内标准。事实上,与国外标准相比,虽然可靠性指标仍然存在较大的差距,但该行业国内标准在性能指标上已经与国外差距不大了。这样一方面提升了国内行业的整体技术水平,另一方面通过标准提高了行业进入门槛,排除了一些竞争对手,提升了银轮公司在国内市场的竞争优势。最后,银轮公司在国内的竞争优势通过越来越多、越来越高水平的国际合作而延伸到了国际市场。为了确保国内的市场基础,尽管国外市场的利润高于国内市场,整个公司的产品销售国外市场比重(占 57%)也超过国内市场(占 43%),但公司并没有因此而把重点放在国外市场,而是海内外市场共同发展,而且将国内的产品逐步实施高端定位。

5.3.2　长沙开元仪器股份有限公司[①]

1. 开元仪器基本情况

1992 年成立的长沙开元仪器股份有限公司(以下简称开元仪器)致力于煤质检测仪器装备的研发、生产和销售,在煤质检测采、制、化仪器装备方面拥有关键技术和自主知识产权,是我国煤质检测领域产业化水平最高、技术水平最先进、产品品种最齐全的专业煤质分析仪器装备制造厂商。公司于 2012 年在深交所创业板上市。

随着企业自身技术的发展和市场需求的变化,开元仪器基于煤质管理过程中的各种问题,将产品从最初关注的煤质化验领域,延伸到环保制样、全自动机械化采样和燃煤信息化管理领域,形成了全球煤质检测领域的主要生产商。目前,公司产品在国内市场已达到份额第一,在国际市场上已向全球 37 个国家出口,年出口额达到 2 000 万。

2. 开元仪器标准化实践

作为国内煤质检测领域的领先企业,开元仪器非常重视标准化工作,不仅积极参与国内标准化活动,还通过各种渠道参与国际标准化活动,在国际舞台发出中国企业的声音。开元仪器的目标是成为中国国家煤质检测标准的参与者和制定者,成为东半球分析仪器设备领域的标志性企业。

(1) 参与国内标准化活动。

开元仪器设立标准化部门,专门处理技术标准方面的事务,但与公司生产、研发、销售等其他部门密切配合,共享标准需求与供给信息。公司遵循"面向世界找

① 本节案例主要素材来自企业官方网站 www.chs5e.com,以及对企业的直接访问,感谢 ASTM 国际标准组织中国办事处首席代表刘斐先生的友情介绍,感谢长沙开元仪器股份有限公司国际贸易部张锦女士和王淑春女士的热情接待和耐心解答。

差距、依靠科技造精品、优良服务为顾客"的质量方针,坚持以预防为主的质量管理模式,是行业内最早按照 ISO9001 标准建立现代质量管理体系的煤质检测仪器制造厂商。2010 年,公司获得了 ISO14001 标准环境管理体系认证。公司将 ISO9001 和 ISO14001 等多个标准融为一体,建立了质量、环境、职业健康、安全的管理体系,并保持体系有效运行。公司是国内煤质检测设备制造行业率先按照欧盟标准推行产品 CE 认证的企业,使产品在安全、环保等方面与国际接轨。公司建有完善的质量信息管理和质量检测追溯制度,每月收集质量信息并进行统计,分析查找质量问题的关键因素,明确质量改进的主攻方向,降低质量概率,提高经营效益,形成 PDCA 良性循环。

开元仪器在企业内部经常组织技术研讨和学习,聘请语言表达能力和技术能力都很强的高素质员工担任讲师,讲授企业自身的创新技术、技术标准规范、行业技术发展趋势、国内外相关技术标准状况,特别着重讲述客户市场的标准与国内标准的差异及解决办法。

这一系列的做法,让开元仪器在标准化方面的工作颇有成效。公司是国家煤炭标准化技术委员会成员单位、全国实验室仪器及设备标准化技术委员会委员单位。董事长罗建文先生是第六届全国煤炭标准化技术委员会煤炭检测分会委员,参与了 10 余项国家标准、行业标准的起草工作。副总经理文胜先生现为中国仪器仪表行业协会实验室仪器分会秘书长、中国国家标准化管理委员会全国煤炭标准化技术委员会委员。

公司参与起草的国家或行业标准有近 20 项,其中已经公布的国家标准有:

表 5.10 长沙开元仪器股份有限公司参与制修订的国家/行业标准一览表

序号	标准号	标准名称	备注
1	D/T 1030-2006	煤的工业分自动仪器法	
2	MT/T 1087-2008	煤的工业分析方法——仪器法	
3	GB/T 25214-2010	煤中全硫测定 红外光谱法	第二起草单位
4	DL/T 747-2010	发电用煤机械采制样装置性能验收导则	

（2）参与国际标准化活动。

开元仪器的出口整体规模虽然不大，但出口市场多、市场情况复杂，在具体出口业务中，经常遭遇到因标准差异带来的出口障碍，所以在积极参与国内标准制定和推动的同时，也在开拓外海外市场过程中努力参与国际标准化活动。比如协助 ISO 的中国委员完成中国煤质分析标准的国际化，将煤质分析领域中一些有优势的中国标准推荐成为国际标准；深入分析各国煤质分析标准的差异，以及中国 GB 标准与 ASTM、ISO 等国际组织标准的差异，并专门召集海外客户针对煤质分析标准进行研讨与培训，让公司的用户更好地了解各种标准之间的差异，既减少了煤炭进出口贸易中的纠纷，也让客户接受了公司的产品和标准；成为 ASTM 国际标准化委员，直接参与 ASTM 煤炭分析领域相关标准的提案讨论和标准制定工作。

3. 开元仪器标准化的经验

开元仪器不是一家规模很大的国内企业，但它在标准化方面投入了大量的精力。一方面在国内标准化方面参与制定多个国内标准；另一方面在国际标准化方面，虽然目前还没有足够的实力去引领所在领域的国际标准的制定，但通过参与 ISO、ASTM 等国际标准组织的活动，既能把握市场的最前沿的信息，又在努力发出自己的声音。特别是，开元仪器通过在国外客户中组织研讨相关领域标准的差异，不仅让客户了解公司的产品技术和标准情况，而且在用户群中赢得了信任，增加了公司和产品在煤质分析领域的权威性，为下一步制定国际标准打下坚实的基础。

5.3.3　马鞍山市星新机械材料有限公司①

1. 星新机材基本情况

马鞍山市星新机械材料有限公司（以下简称星新机材）是一家冶炼一种特殊

---

① 本案例由马鞍山市质量技术监督局俞骞先生撰写，特此感谢。

用途钢锭的中小企业,其产品主要供应给客户锻炼加工成石油井口装置中的套管头、油管头、四通本体等符合美国石油学会 API 6A 规范的各种强度等级的零部件产品。因为产品质量已经超过了国际标准的要求,星新机材这些产品不仅在国内市场获得了良好的声誉,还通过其国内客户的渠道销售到了美国和欧洲市场,美国墨西哥湾、欧洲北海等世界海上油田都有星新机材产品的身影。

2. 星新机材标准化实践

(1)以国际标准为基础确定产品研发的起点。

海上油田井口装置是一种机械承压设备,一旦出现问题,后果相当严重,为了确保采油生产安全,一家公司使用的井口装置产品出现了质量问题,都会向所有使用了该产品的公司通报,因此一次质量问题,丢失的不是一家企业的订单,而可能是整个市场。星新机材作为产品原坯料的供应商,必须在源头冶炼出符合国际标准的钢锭,才能保证下游客户锻造生产出安全合格的井口装置零部件。

为此,星新机材收集研究了美国石油学会 API Spec 6A《井口和采油树设备规范》、美国钢铁学会 AISI8630 牌号钢标准,以国际标准作为生产出合格产品的依据。然而,因为海洋井口设备使用的环境复杂恶劣,各个厂家又提出了比 AISI8630 更高要求的企业标准,以充分保障海上石油开采的安全。星新公司又找到美国 FMC、COMERON、GE 三大石油设备制造商以及挪威阿克等公司的企业标准,进行全面深入的研究,对比各家企业标准中各项技术指标,准确掌握了各家公司标准中对钢锭中 C、Si、Mn、Cr、Ni、Mo 等合金元素含量的细微差别,为产品研发确定了精准的标准起点。

(2)和客户共同研究标准。

因为国外客户提出了比美国钢铁学会 AISI8630 牌号钢更为严格的企业标准,各家公司标准中规定的钢锭的化学成分指标又存在细微的差别。星新机材如果按不同的公司标准进行生产,每批产品的化学成分各不相同,必将增加企业生产的复杂程度,不利于公司推进标准化生产,如果按同一标准生产,公司就要缩小产品中合金元素含量的指标范围,使质量指标在很小的范围内波动,以符合各个企业标准的要求,这又大大增加了产品生产的控制难度。

　　南京迪威尔高端制造有限公司是星新机材最大的客户,星新公司和迪威尔公司共同研究这一难题,最终决定按同一标准生产,一则有利于提高产品质量,避免多个标准生产造成的复杂生产局面,二则质量波动非常小的钢锭,有利于确保锻造加工后的产品各方面性能均衡一致。通过在产品标准上和南京迪威尔公司的成功合作,双方创造了双赢的局面,南京迪威尔公司稳定的产品质量通过了全球广泛认可的美国石油学会 API Q1 的体系认证,并成为唯一一家同时进入全球三大石油设备制造商采购系统的中国企业。

　　(3)探索标准化生产过程。

　　目前,我国钢铁产品的国家标准:GB/T 699-1999《优质碳素结构钢》、GB/T 700-2006《碳素结构钢》、GB/T 1591-2008《低合金高强度结构钢》和 GB/T 3077-1999《合金结构钢》中,均没有与 AISI8630 和国际各家公司基于 AISI8630 制定的企业标准化学成分相符的钢牌号,而且 8630 钢中有害元素磷(P)、硫(S)残余量的规定,比国家标准中特优级钢更加严格。钢铁产品化学成分的不同决定了生产工艺的不同,这就意味着对企业没有现成的标准化生产过程可以借鉴,企业必须自己探索出一套标准化的生产过程,才能保证冶炼出的每一批每一件产品化学成分符合企业标准的要求。

　　企业为此组织研发、生产技术人员,成立了专门的标准化工作组,共同研究探索生产过程的标准化问题。在反复实践的基础上,通过大量的数据对比分析,在控制化学成分的关键控制点上找到了最佳工艺控制方法,例如有效消除了冶炼中的“回磷”和“增碳”的危害,确保了锰元素在真空脱气条件下含量的控制,利用喂线技术精确控制钢液铝含量,等等。公司把这些有效的方法转化成了精细化的操作标准,富有经验的操作工人严格执行标准的规定,成功地冶炼出了化学成分非常稳定,有害元素极低的钢锭,产品质量的一致性程度非常之高,每一批每一件产品的化学成分含量几乎像是被克隆出来的一样高度接近。

3. 星新机材标准化的经验

　　星新机材作为一家中小型企业,生产技术和市场规模都不能支撑其在国际标准竞争中获得主动地位,它是积极采用国际标准,充分满足国外客户的技术要求。

不仅在产品技术方案设计中充分吸收、采用国际标准和国外客户的标准,以国际标准来倒逼企业的技术创新,还在生产过程中严格执行标准化操作程序,以标准来确保质量、降低成本。同时,星新机材还与国内客户密切合作,共同研究标准问题,这样既解决了企业内部生产的问题,还赢得了国内外客户的信任。星新机材制定的企业标准获得了美国 FMC、COMERON、GE 三大石油设备制造商以及挪威阿克等公司的认可,按自己企业标准生产出的产品通过了他们的材料合格评定,进入了采购系统,和他们建立起了长期了战略合作关系,成为国际知名的钢锭生产企业。

5.4　中国的国际标准竞争策略(三):标准输出

赢得国际标准竞争就是要让国际市场接受我们提出的标准,这既包括以我国技术为基础提出文本直接形成 ISO、IEC、ITU 等组织的国际标准,或者影响这些标准的制修订,也包括通过产品出口、对外承包工程、国际援助等使我国国内标准在本国以外的市场被接受和使用。对于技术水平在整体上还落后于发达国家的现阶段而言,后者似乎是一个更容易操作的途径,尽管在具体执行中存在着各种各样的问题。本节以我国对外工程承包为例来说明标准输出这一个重要的国际标准竞争策略。

5.4.1　对外承包工程中标准输出的基本情况

在对外贸易、对外投资之外,对外承包工程也是一个非常重要的输出标准的渠道。根据 2008 年 9 月 1 日起实行的《对外承包工程管理条例》,对外承包工程是指中国的企业或者其他单位承包境外建设工程项目的活动。具体涉及以下一些业务形式:①承包国外工程建设项目;②承包我国对外援助项目;③承包我国驻外机构的工程建设项目;④与外国公司合营或联合承包工程项目时我国公司分包部分;⑤对外承包兼营的房屋开发业务。由于在对外承包工程中,具体建设大多是由中方派出人员施工建设,很多建设用材料和技术都是从国内带出去的,所以在这个过程中,使用中国标准就变得相对容易。而且,因为工程建设不是简单的某一个产品输出,而是一系列的产品、管理、技术等内容的输出,相应地,标准的输出也不是某一个标准单个地输出,而是一系列的标准输出。因此在对外承包工程中,由一个标准体系带动背后多个产品、技术、管理、设备的整体走出去,已成相关企业与政府部门的高度共识。

更重要的是,中国标准输出既有能力,也有机会,而不是简单地喊口号。一方面,通过长期在国际市场的摸爬滚打,特别是与欧美企业的合作与竞争,中国标准的技术水平大幅度提高,部分标准已经达到甚至超过了欧美标准。例如,将在工程建设中经常要用到的我国国家标准《泵站设计规范》(GB/T50265-1997)与美、日等国家的7项相关标准进行对比,可以发现,在所涉及的65条(款)内容中,我国标准高于或略高于国外相关标准规定水平的有19条(款),规定相同或水平大致相当的有28条(款),而低于或略低于国外相关标准水平的有18条(款)。另一方面,随着世界经济发展水平的整体提升,越来越多的发展中国家开始大规模进行基础设施建设,国际工程承包市场必将保持高速发展,市场规模不断扩大。特别地,由于长期战乱或者其他原因,部分发展中国家至今没有建立起本国的标准体系,这就为中国标准"走出去"提供了巨大的市场空间。

根据中国对外工程承包商会的统计,在2012年的前三季度,有39.9%的EPC(设计、采购、施工)项目使用的是中国技术标准,占整个合同金额的51%。所涉及的项目被应用到了印度、安哥拉、阿联酋、蒙古等几十个国家和地区。中国土木工程集团有限公司从1996年实质性地在尼日利亚市场承揽大型工程开始,就发现以前一直采用的英国标准并不比中国的标准强,并且我国标准制定中所贯彻的经济性原则和经久耐用性原则更符合当地的要求。所以,在尼日利亚1 300多公里铁路现代化项目的追踪承揽过程中,中国土木工程集团有限公司就力推中国铁路规范和标准,力争能输出"中国标准"。事实上,中国土木工程集团有限公司在尼日利亚最终成功地实现了从输出"产品"到输出"技术",再到输出"规范标准"的跨越,树立了市场化运作实现"中国标准"输出的典范。

中国土木工程集团有限公司在 2009 年 9 月与埃塞俄比亚政府签署了风电和太阳能发电规划,共同商定采用中国技术援助资金,为埃塞俄比亚政府优选近期开发的资源条件好、建设条件好、并网条件好、技术经济指标好的风电和太阳能项目。随后,中方与埃方签署 51Mw 风电项目的 EPC 合同,合同范围包括风电场工程的规划、勘测、设计、设备供货、土建施工、机电设备和电器安装、工程整体调试、工程试运行、人员培训。整个项目中,不仅采用来自中国的贷款,而且还将全面采用来自中国的技术、标准、风机和工程师,成功实现了我国风电第一个完整项目的"走出去"。这次对外承包工程不仅体现了我国风电产业发展积累的技术优势、产品优势、项目建设优势和资金优势,更是集中体现了我国标准在国际市场上的竞争优势,对于推动中国风电在国外规模化运作、以标准的输出来整体带动中国的勘测设计、工程承包、项目投资和设备制造加工"走出去"有着非常重要的作用。

中国交通建设股份公司在印度尼西亚承建的泗水—马都拉海峡大桥也是在海外市场成功应用中国标准的范例。在这个工程中,虽然中国企业与印度尼西亚签署的合同总额只有 1.958 亿美元(折合人民币 16.2 亿元),但由于这个项目施工过程中采用的是中国标准,带动了我国相关产品、设备、材料的出口,出口总额超过 5.5 亿元,产生了很好的经济效益。

中国建筑工程总公司在刚果(布)共和国修建了该国的国家一号公路,这也是首次在海外启用"中国标准"而修建最长的一条公路。

5.4.2　对外承包工程中标准输出的问题

尽管在对外承包工程中标准输出的成功案例已经不少,机会也非常多,但标准输出的效果和影响不尽如人意,还存在着不少的问题。

一是国际标准化领域对中国标准"走出去"工作整体上的围堵。随着中国在国际经济、技术领域参与程度的不断提高,中国在国际标准化领域的角色也从国际标准被动的接受者逐步转变成为积极的参与者。基于对中国的误解或者某种程度上的担心,一些国家采取了各种各样方法与手段来掣肘中国标准的国际化工作,从拒绝来自中国的标准提案,到阻止中国专家参加国际标准技术委员会会议,再到政府外加施压,等等,不一而足。

二是国内标准与国际标准相冲突,不被国外消费者所接受。这些冲突既有技术指标、标准体系方面的硬性冲突,也有语言文字、文化背景、行为习惯方面的软性冲突。比如中国标准的英文版本问题,尽管相关部门已经加快进度翻译中国的标准,但仍远远不能满足实际需求。而没有清晰的英文版本,要让中国标准在国外被接受,可能性几乎为零。从文化背景上说标准化意识或者标准化思想来源对于标准的选择有着根本性的影响,项目所在国技术人员的标准化意识或者标准化思想是源于哪儿,就会更加倾向于采用这个国家的标准。非洲国家有一些曾经是法国或英国的殖民地,那么它套用的基本上是法国或者英国的标准化体系。这些国家的标准模式体系在这些地区已经有点根深蒂固了,我们去了就只能适应。

三是缺乏标准走出去的系统支持。通过产品出口、对外投资、工程承包等推出去一两个独立的中国标准,似乎并不是很大的难事。但这只是一个虚幻的美景。要让一个市场接受一个新的标准,必须有强大的系统来进行支持。比如,在一项工程建设项目中,要使用中国的标准,就涉及相关配套的检测工具与手段、产品与原材料、基础设施的匹配、与当地国家标准和其他国际标准的衔接等等一系列问题。

四是"中国标准"的国家形象没有深入国外市场,国外市场对中国的标准不知晓、不接受。长期的对外工作中,我们重在强调我们的劳动力成本优势,习惯以低价格和大规模来获得国际竞争优势,技术竞争还只是在不断提升的过程中,更多地是适应国际市场特别是发达国家的标准要求,而没有或者较少地推广自身的技术标准。在国际标准领域,也多为国际标准的被动"接受者"、"使用者"形象,以主动"参与制定"、"主导制定"形象出现的机会还不多。"中国标准"作为一个整体还未在国际市场形成良好的形象与影响。

当然,也要注意不能为了输出中国标准而忽视市场的具体要求。特别是要避免在对外承包工程合同签订的阶段,不能准确评估施工难度,错误选择标准。实际情况中,既存在为了获得承包项目,轻易接受国外标准,在工程实施过程中产生损失的现象,也存在简单粗暴使用国内标准报价、施工而忽视当地实际情况的现象。如国内某公司在北非某国竞争一个桥梁项目,按照国内同类型的桥梁施工标准进行报价并且获得了这个项目,但在施工阶段却发现,按照国内标准报价的桥梁橡胶支座无法满足标书的标准要求。仅此一项,公司就蒙受几百万元的损失。又如中国香港的一个码头建设项目中,按照国外标准设计的标书文件已经限定只能买一家符合国外标准的产品,但在投标的时候没有注意到这个限制,仍然按照国内产品标准报价,具体施工的时候才发现,这种产品国内外的价差非常大,公司因此而产生了很大损失。

第6章

中国标准竞争优势对贸易与投资作用的实证研究

在国际标准竞争中,中国从"引进来"和"走出去"两个方面做了大量的工作。在"引进来"的工作中,提高国内标准的采标率,更大规模地采用国际标准和国外先进标准,吸收跨国公司、国际标准机构和国际标准专业人员进入国内标准技术委员会,参与国内标准制定及相关事务,大幅度提升国内标准与国际标准的一体化程度。在"走出去"的工作中,鼓励国内企业和标准组织积极参与 ISO、ITU、IEC 等国际标准组织的活动,提交国际标准提案,参与国际标准的制定,通过对外贸易和对外工程承包推动中国标准进入国际市场。无论是"引进来",还是"走出去",中国标准化的发展都有助于我国对外贸易和投资的发展。

6.1 中国标准竞争优势与对外贸易发展的实证研究

6.1.1 文献综述

目前,关于进出口贸易影响因素的文献主要有两个视角,一是从国际视角探讨国际环境对我国对外贸易的影响,二是从国内视角探讨我国对外贸易的影响因素。本文借鉴大部分学者的做法,从国内视角进行分析。大量文献显示,我国对外贸易的影响因素主要表现为总投资、外商直接投资、固定资产投资、国内生产总值、劳动力人数等。魏巍贤(1999)基于现代宏观经济理论与中国外贸管理体制,建立了中国的进口需求模型,通过协整分析和误差修正模型,实证分析表明,进口与总投资之间存在长期相对稳定正相关关系。许和连、赖明勇(2002)运用偏最小二乘(PLS)回归方法,选取全社会固定资产投资,人均国内生产总值,外商直接投资等指标进行实证分析,结果显示,我国进口贸易对全社会固定资产投资、人均国内生产总值、外商直接投资都敏感。谭英平(2005)利用面板数据(Panel Data)模型和偏最小二乘模型选取国内投资总额、吸引外国直接投资流量、劳动力以劳动生产率等 10 个指标,分别对欧盟经济区和中美的对外贸易影响因素进行了实证,结果表明,国内总投资、外国直接投资对中美及欧盟的出口贸易都存在较强的正向作用。孙灵燕、李荣林(2011)运用 1995—2007 年面板数据,利用最小二乘法,发现 FDI 对于我国同欧洲、北美洲产生的贸易影响显著,FDI 的增加使得我国出口到欧洲、北美洲的产品比重增加,使得来自欧洲、北美洲的进口产品比重减少。孙妍(2011)选取国内生产总值、外商投资额、实际利用外资金额等指标,利用Eviews 软件进行研究,实证结果表明国内生产总值、实际利用外资金额对我国的进出口有较大的影响作用。高士亮、熊磊(2008)基于国内视角,通过构建面板数据模型,利用劳动力人数、资本投入(国内投资和外商投资)、国内生产总值为变量,分析了中国对外贸易的宏观影响因素,实证表明,我国各省市出口贸易受其自身 FDI、国内生产总值及劳动力人数的影响显著;而进口贸易受其 FDI、国内生产总值及国内投资的影响显著。朱德贵(2006)利用波特—邓宁模型,结合我国具体情况,认为人力、技术、市场、政府和 FDI 是影响我国对外贸易竞争能力的主要因素。谢照琼(2002)从收入水平、技术水平、人力资本、资金状况等微观因素分析了中国东西部地区对外贸易差异的根源。李准晔(2005)将中国划分为 8 大区域,分析它们与韩国、中国台湾地区、日本直接的贸易趋势,其实证结果显示中国各区域的人均收入水平、外商直接投资额、工业产品出口比重等是决定垂直产业内贸易的主要因素。

关于标准对对外贸易的影响的文献相对较少,但国内外仍有不少学者通过建立模型进行实证研究,特别是 WTO 发布 2005 年《世界贸易报告——探讨贸易、标准与 WTO 的关系》以来。大部分学者选用标准存量(国家标准存量、行业标准存量等)作为变量。Peter Swann(1996)选取了英国和德国 1985—1991 年 83 个行业的数据,分析了英国进出口和英国采纳的国内国际标准数量之间的关系,结果显示,英国国内标准有同时增加进口和出口的趋势,而英国采纳的国际标准数量对进出口影响较小。王耀中、陈文娟(2009)利用协整分析技术和误差修正模型分析了 1985—2005 年机械行业标准对我国机械行业进出口贸易的影响,并基于误差修正模型分析了中国机械行业的国家标准与中国机械行业进出口贸易的因果关系,证明行业标准增量是进出口贸易增额的格兰杰原因。凌艳平、万欣(2009)利用 1990—2007 年数据进行实证检验,分析了国家标准存量和出口商品结构、进口商品结构、进出口商品结构的 Granger 因果关系,实证结果表明,标准与进出口商品结构有着长期均衡的关系,标准存量的增加会显著改善我国出口商品结构。钟高峥(2010)以 1993—2008 年中国钢铁、媒体、服装、食品加工、家电、机械制造 6 个行业的标准数目为基础,利用面板数据变截距模型进行实证分析,结果表明,我国行业标准化对进出口贸易均存在正面影响;行业标准对钢铁、煤炭行业的进出口及家电的出口均产生负面影响;对服装、食品加工、机械制造及家电的出口均产生正面影响。

上述研究显然不能够全面反映对外贸易的影响因素,特别是对于我国对外贸易的地区差异性及影响因素的研究有待进一步探讨,以标准对各地区对外贸易的影响强度的研究最为薄弱。本节将在此基础上,更加全面地考虑对外贸易的影响因素,侧重于标准对我国各地区对外贸易的影响的分析,为此,特别加入市场化程度这一变量,因为政府对经济的干预程度是决定我国技术标准水平高低的关键因素之一,也是影响我国参与对外贸易的显著因素。本文将更加全面地反映标准对我国各个地区对外贸易的影响。

6.1.2　实证检验

1. 建立模型及变量的选取

本节选取我国 2000—2011 年全国 30 个省(市、自治区、直辖市)的面板数据,利用随机效应模型进行实证分析。一个国家的投资作为对外贸易的输入要素,与该国家的对外贸易呈现正向联系。实证研究(魏巍贤,1999;谢昭琼,2002;谭英平,2005;朱德贵,2006;高士亮、熊磊,2008 等)也证实了我国投资与进出口贸易之间密切联系。因此,本节主要选取外商直接投资、市场规模、国内投资水平以及我国的标准化水平对我国的进口进行实证分析;选取外商直接投资、市场规模、市场化程度以及我国的标准化水平对我国的出口进行实证分析。

(1)外商直接投资(FDI)。本节选取 30 个省(市、自治区、直辖市)的外商直接投资流量,以 2000 年为基期剔除汇率以及价格因素的影响,数据来源于商务部《统计年鉴》。

(2)市场规模(RGDP)。本节以人均 GDP 衡量每个地区的市场规模。数据来源于 2001—2012 年国家统计年鉴,并以 2000 年为基期消除价格因素的影响。

(3)国内投资水平(INV)。国内投资水平等于全社会固定资产投资减去实际利用外资投资额来表示。数据来源于商务部《统计年鉴》,并以 2000 年为基期剔除价格因素的影响。

(4)标准化水平(STAN)。缺乏各地区的标准技术委员会、地方标准数量和标准活动经费等数据,借鉴国内外学者的方法,本节选取各个省份的技术标准存量(国家标准数量与行业标准数量总和)来衡量该地区的标准化水平。数据来源于万方标准全文数据库,通过在标准的高级搜索"起草单位"中输入各个省市名称,从而获得各个省市的每年的标准流量。

(5)市场化程度(MARKET)。本节采用非国有控股工业企业总产值在当地规模以上工业企业总产值中的比重来反映各地区的市场化程度。数据来源于商务部《统计年鉴》。

(6)对外贸易(EXPORT/IMPORT)。对外贸易用各地区的进出口贸易流量衡量,并以 2000 年为基期剔除汇率及价格因素的影响,数据来源于商务部《统计年鉴》。

对外贸易面板模型为:

$$\ln EXPORT_{it} - C + \alpha_1 \ln STAN_{it} + \alpha_2 \ln RGDP_{it}$$
$$+ \alpha_3 \ln FDI_{it} + \alpha_4 MARKET_{it} + \varepsilon_{it} \tag{6.1}$$

$$\ln IMPORT_{it} = C + \alpha_1 \ln STAN_{it} + \alpha_2 \ln RGDP_{it}$$
$$+ \alpha_3 \ln FDI_{it} + \alpha_4 \ln INV_{it} + \varepsilon_{it} \tag{6.2}$$

$$\ln TRADE_{it} = C + \alpha_1 \ln STAN_{it} + \alpha_2 \ln RGDP_{it} + \alpha_3 \ln FDI + \varepsilon_{it} \tag{6.3}$$

2. 面板单位根检验

在进行回归分析前,要对变量进行单位根检验。为了保证分析结果的可靠性,我们采用 LLC 检验、IPS 检验、Fisher-ADF 检验以及 Fisher-PP 检验 4 种检验方法对面板数据进行单位根检验,其检验结果见表 6.1。

表 6.1　面板数据的单位根检验结果

变　　量	LLC 检验	IPS 检验	ADF 检验	PP 检验	结　　论
$\ln EXPORT_{it}$	0.000 0***	0.541 0	0.616 6	0.428 2	不平稳
$\Delta \ln EXPORT_{it}$	0.000 0***	0.000 0***	0.000 0***	0.000 0***	平　稳
$\ln IMPORT_{it}$	0.428 8	1.000 0	1.000 0	1.000 0	不平稳
$\Delta \ln IMPORT_{it}$	0.000 0***	0.000 0***	0.000 0***	0.000 0***	平　稳
$\ln FDI_{it}$	0.000 0***	0.962 5	0.003 1***	0.000 3***	不平稳
$\Delta \ln FDI_{it}$	0.000 0***	0.000 0***	0.000 0***	0.000 0***	平　稳
$\ln STAN_{it}$	0.000 0***	0.987 4	0.997 0	0.613 8	不平稳
$\Delta \ln STAN_{it}$	0.000 0***	0.000 0***	0.000 2***	0.000 1***	平　稳
$\ln RGDP_{it}$	0.010 1**	0.999 9	0.994 2	0.039 9**	不平稳
$\Delta \ln RGDP_{it}$	0.000 0***	0.000 0***	0.000 0***	0.000 0***	平　稳
$\ln INV_{it}$	0.065 5*	0.918 5	0.566 0	0.014 4**	不平稳
$\Delta \ln INV_{it}$	0.000 0***	0.001 3***	0.004 1***	0.027 7***	平　稳
$MARKET_{it}$	0.000 0***	0.035 5**	0.002 1***	0.000 0***	平　稳
$\Delta MARKET_{it}$	0.000 0***	0.000 0***	0.000 0***	0.000 0***	平　稳
$\ln TRADET_{it}$	0.108 3	1.000 0	1.000 0	1.000 0	不平稳
$\Delta \ln TRADE_{it}$	0.000 0***	0.000 0***	0.000 0***	0.000 0***	平　稳

注:1. 所有计量都是运用 Eviews6.0 计算得到;

2. 变量前加"Δ"表示该变量的一阶差分;

3. *、**、*** 表示统计量在 10%、5%、1% 的显著性水平下显著。

从面板单位根检验的结果可以看出,各变量均在1%的显著性水平下一阶单整,因此可以做面板回归分析。

3. 面板回归结果

我们主要是以样本对总体效应进行推论,因此使用随机效用模型,运用 Eviews6.0 对面板数据进行随机效应回归,所得结果如表 6.2 所示。

表 6.2 面板回归结果

变　　量	进口模型 ($\ln IMPORT$)	出口模型 ($\ln EXPORT$)	进出口模型 ($TRADE$)
	系　　数	系　　数	系　　数
C	0.531 1 (1.066 4)	1.765 0 (4.258 2***)	1.251 9 (4.405 5***)
$\ln STAN_{it}$	0.407 0 (4.629 3***)	0.303 8 (3.137 1***)	0.285 1 (2.577 3**)
$\ln RGDP_{it}$	0.994 0 (6.701 2***)	0.980 7 (11.199 9***)	1.269 6 (14.004 8***)
$\ln FDI_{it}$	0.078 1 (2.095 9**)	0.275 7 (7.018 4***)	0.120 9 (3.449 4***)
$\ln INV_{it}$	0.179 9 (2.467 4**)		
$MARKET_{it}$		0.06 (0.29)	
调整后 R^2	0.880 6	0.848 5	0.980 8
F 值	663.235 1 (0.000 0)	503.524 6 (0.000 0)	575.622 3 (0.000 0)

由实证结果可知,全国面板模型回归方程:

$$\ln EXPORT_{it} = 1.77 + 0.30\ln STAN_{it} + 0.98\ln RGDP_{it}$$
$$+ 0.28\ln FDI_{it} + 0.06MARKET_{it} \tag{6.4}$$

$$\ln IMPORT_{it} = 0.53 + 0.41\ln STAN_{it} + 0.99\ln RGDP_{it}$$
$$+ 0.08\ln FDI_{it} + 0.18\ln INV_{it} \tag{6.5}$$

$$\ln TRADE_{it} = 1.25 + 0.29\ln STAN_{it} + 1.27\ln RGDP_{it} + 0.12\ln FDI \tag{6.6}$$

表6.2的结果说明,3个模型调整后的 R^2 值都比较高,说明模型的拟合度较好。在进口模型中,标准对进口的贡献系数在1%的显著水平下为0.41。说明我国的标准化水平增加1个百分点,我国的进口也将增加0.41个百分点。出口模型中,标准对出口的贡献系数在1%的显著水平下为0.30,略低于对进口的影响。在进出口模型中,标准对进出口贸易的贡献系数在5%的显著性水平下为0.29,比前两者都略低。

6.1.3 实证结论分析

在三个模型中,对我国对外贸易影响最大的是我国的市场规模(RGDP),其贡献系数均超过0.98,对进出口模型而已,更是高达1.26,说明我国的人均国内生产总值增加1个百分点,会带动我国进出口贸易相应增加0.98个百分点,进口贸易增加0.99个百分点,对进出口总额的带动作用为1.26个百分点,显然,我国的市场规模(RGDP)对我国的对外贸易存在非常显著的正向影响。对我国对外贸易影响位居第二位的是我国的标准化水平。我国的标准化水平增加1个百分点,我国的进口也将增加0.41个百分点,我国的出口将相应增加0.3个百分点,进出口总额相应增加0.28个百分点,标准化水平对我国对外贸易的影响不容忽视。外商直接投资对我国对外贸易也存在正向影响,外商直接投资增加1个百分点,进口将增加0.08个百分点,出口将增加0.28个百分点,进出口总额将增加0.12个百分点。国内投资水平增加1个百分点,进口相应增加0.18个百分点。而在出口模型中,市场化程度对出口的影响没有通过检验。综合以上因素可知,我国的标准化水平对我国的对外贸易具有重要影响,因此要注重提高我国的标准化水平。

6.2 中国标准竞争优势与对外投资发展的实证研究

6.2.1 文献综述

影响一国对外直接投资的经济因素有很多种,Andreff(2002)在转型国家跨国公司的研究中,分析了母国人均国内生产总值、人口、产业结构、技术水平等6个解释变量的影响。其中,技术水平以每百万人口中技术人员数、高科技出口占总出口的比例、授权专利数为指标。研究结果表明:技术水平不是决定因素,而母国的经济发展水平(即人均国内生产总值)是对外投资的主要决定因素。官建成、王晓静(2007)在国际直接投资理论的框架下,使用岭回归估计方法得出:中国对外直接投资的决定因素主要是出口及吸引外资两个变量,且出口与对外直接投资正相关,吸引外资与对外直接投资负相关;技术能力还不能构成中国对外直接投资的决定因素。而技术能力以R&D经费和专利申请数来衡量。王咏梅、王兆帅(2007)根据协整理论,利用中国1982—2005年的年度经济数据,对我国的对外直接投资、出口与经济增长之间的关系进行了实证分析和检验。结果表明:我国的出口、国内生产总值和对外直接投资(OFDI)之间存在着一种长期的、均衡的显著关系,出口对我国的OFDI有着显著的促进作用。邹玉娟等(2008)用全要素生产率增长率来度量技术水平,对我国对外直接投资增长率和全要素生产率增长率做了初步的实证研究,结果发现:全要素生产率变化率和对外直接投资增长率之间有一定程度的相互影响,并且全要素生产率变化率对对外直接投资增长率的影响要比对外直接投资增长率对全要素生产率变化率的影响大。于超等(2011)运用2003—2009年间中国25个省市的面板数据,采用变截距模型、Hausman检验、广义最小二乘等方法对影响中国各地区对外直接投资的因素进行实证研究,结果表明:人均国内生产总值、对外出口能显著影响中国对外直接投资,而以R&D经费和专利数来测度的技术能力对中国对外直接投资的影响并不显著。

综上所述,用专利授权数、R&D投入数、全要素生产率增长率来衡量的技术水平对对外直接投资有一定的影响,但效果不明显,然而一个国家经济越发达,技术水平越高,其对外直接投资的垄断优势越明显。因此本节中采用标准化水平来反映一国的技术能力。另外还选取经济发展水平、我国的贸易作为解释变量,来分析我国的标准化水平对我国对外直接投资的影响。

6.2.2　实证检验

1. 建立模型及变量的选取

（1）经济发展水平（GDPG）。以往文献中，更多的是以国内生产总值或者人均国内生产总值来衡量经济发展水平，而国内生产总值的增长率是指国内生产总值一个时期到下一个时期百分比的变动，更能反映一个国家的经济增长速度，因此本节以国内生产总值的增长率作为经济发展水平的衡量指标，数据来源于2001—2012 年国家统计年鉴以及各地区的统计年鉴。

（2）贸易（EXPORT）。各省份的出口流量代表各地区的贸易水平。数据来源于商务部《中国统计年鉴》，并剔除了汇率和价格因素的影响。

（3）标准化水平。本节中，标准化水平用全国 30 个省份（市、自治区、直辖市）的技术标准存量（STAN，国家标准数量与行业标准数量总和）和采标率（CBL，国家标准采用国际标准的比重）来衡量。数据来源于万方标准全文数据库和国家标准化管理委员会。

（4）对外直接投资（OFDI）。对外直接投资选取全国 30 个省份的对外直接投资流量来衡量，数据来源于 2003—2011 年的《对外投资报告》，并采用人民币对美元的中间价以 2000 年为基期换算历年实际的对外直接投资额。

对外直接投资面板模型为：

$$\ln OFDI_{it} = C + \alpha_1 \ln STAN_{it} + \alpha_2 ExpCBL_{it}$$
$$+ \alpha_3 \ln EXPORT_{it} + \alpha_4 GDPG_{it} + \varepsilon_{it} \tag{6.7}$$

其中，由于某些省份的采标率在一些年份为 0，因此将采标率指数化，并且标准的影响具有一定的滞后性，所以在面板回归模型中用 $ExpCBL_{it}(-1)$ 来衡量采标率。

2. 面板单位根检验

在进行回归分析前，要对时间序列数据进行单位根检验。为了保证分析结果

的可靠性,本文采用 LLC 检验、IPS 检验、Fisher-ADF 检验以及 Fisher-PP 检验 4
种检验方法对面板数据进行单位根检验,其检验结果见表 6.3。

表 6.3　面板数据的单位根检验结果

变　量	LLC 检验	IPS 检验	ADF 检验	PP 检验	结　论
$\ln OFDI_{it}$	0.000 0***	0.653 9	0.388 8	0.064 7*	不平稳
$\Delta\ln OFDI_{it}$	0.000 0***	0.000 0***	0.000 0***	0.000 0***	平　稳
$\ln STAN_{it}$	0.000 0***	0.987 4	0.997 0	0.613 8	不平稳
$\Delta\ln STAN_{it}$	0.000 0***	0.000 0***	0.000 2***	0.000 1***	平　稳
$ExpCBL_{it}(-1)$	0.005 9**	0.972 6	0.963 4	0.575 9	不平稳
$\Delta ExpCBL_{it}(-1)_{it}$	0.000 0***	0.000 0***	0.000 0***	0.000 0***	平　稳
$\ln EXPORT_{it}$	0.000 0***	0.541 0	0.616 6	0.428 2	不平稳
$\Delta\ln EXPORT_{it}$	0.000 0***	0.000 0***	0.000 0***	0.000 0***	平　稳
$GDPG_{it}$	0.000 0***	0.000 0***	0.000 0***	0.000 0***	平　稳
$\Delta GDPG_{it}$	0.000 0***	0.000 0***	0.000 0***	0.000 0***	平　稳

注:1. 本节所有计量都是运用 Eviews6.0 计算得到;
　2. 变量前加"Δ"表示该变量的一阶差分;
　3. *、**、***表示统计量在 10%、5%、1%的显著性水平下显著。

从面板单位根检验的结果可以看出,各变量均在 1%的显著性水平下一阶单
整,说明各变量均表现平稳。

3. 协整检验

根据单位根检验结果,$\ln OFDI_{it}$、$\ln STAN_{it}$、$ExpCBL_{it}(-1)$、$\ln EXPORT_{it}$、
$GDPG_{it}$均为一阶单整,因此对外直接投资变量与标准水平变量之间可能存在协整关
系。因此,我们对对外直接投资与标准化水平进行协整检验。将式(6.7)进行回
归,其结果如表 6.4 所示。

表 6.4　Hausman 检验结果和面板数据回归

变量	$\ln STAN_{it}$	$ExpCBL_{it}(-1)$	$\ln EXPORT_{it}$	$GDPG_{it}$	R^2	Hausman 检验
$\ln OFDI_{it}$	0.35*** (3.07)	0.36 (0.27)	0.24*** (0.74)	1.06*** (3.01)	0.85	0

由表 6.4 可知,Hausman 检验结果 P 值为 0,因此对式(6.7)应该采用固定效

应模型进行回归分析。根据面板数据回归结果可以得出:技术标准存量每提升 1%,对外直接投资水平就会相应的提高 3.07%。而采标率的回归检验结果不显著,说明中国在现阶段国家标准占国际标准的比重不能正向的影响中国的对外直接投资,中国的标准化发展在未来应该更广泛、更全面地与国际标准接轨,将标准水平提升到国际标准水平。

表 6.5　面板协整检验结果

变量	LLC	IPS	Fisher-ADF	Fisher-PP	结论
E_{it}	-11.39^{***}	-3.60^{***}	115.84^{***}	127.73^{***}	平稳

表 6.5 的协整检验结果显示,E_{it} 的单位根检验均在 1% 的显著性水平下拒绝了原假设,说明残差序列是平稳的。因此,技术标准存量的提升在长期内能够推动中国对外直接投资的发展。

4. 误差修正模型检验

由于数据可得性的限制,在协整检验中所使用的数据时间跨度并不长,因此,还需要对变量短期均衡关系做进一步分析,从而更深地了解技术标准存量与对外直接投资之间的关系。利用 Engle—Granger 两步法建立误差修正模型,检验技术标准与对外直接投资的短期关系,误差修正模型结果如表 6.6 所示。

表 6.6　误差修正模型结果

		$\Delta \ln STAN_{it}$	$\Delta ExpCBL_{it}$ (−1)	$\Delta \ln EXPORT_{it}$	$\Delta GDPG_{it}$	ECM
$\Delta \ln OFDI_{it}$	系数	−1.08	0.03	0.04	2.99	−0.89
	P 值	0.39	0.93	0.86	0.00	0.00

由表 6.6 可知,ECM 的系数符号为负,且在 1% 的显著性水平下不为零,符合反向修正的原理,因此,技术标准化是促进我国对外直接投资的长期原因得到了进一步证实。但是误差修正模型中 ECM 的系数为 0.89,反映出技术标准的短期波动偏离长期均衡的程度较高,说明标准化的发展并不是推动中国对外直接投资

的短期原因。

由于受到政府政策、资源等影响,各省市的经济发展水平存在一定的差异,从而使得其标准化水平也存在不一致,因此我们从 30 个省市中分别选取标准化水平排名前十和后十的省市做面板数据的回归模型(标准化水平排名前十的省市分别是:北京、天津、上海、江苏、浙江、山东、广东、重庆、四川、辽宁,标准化水平排名后十的省份/自治区分别是江西、云南、广西、新疆、内蒙古、甘肃、海南、宁夏、青海),模型如下:

$$\ln OFDI_{it} = C + \beta_1 \ln STAN_{it} + \beta_2 ExpCBL_{it}$$
$$+ \beta_3 \ln EXPORT_{it} + \beta_4 GDPG_{it} + \varepsilon_{it} \tag{6.8}$$

$$\ln OFDI_{it} = C + \gamma_1 \ln STAN_{it} + \gamma_2 ExpCBL_{it}$$
$$+ \gamma_3 \ln EXPORT_{it} + \gamma_4 GDPG_{it} + \varepsilon_{it} \tag{6.9}$$

面板数据模型回归结果如表 6.7 所示。

表 6.7　面板数据模型回归结果

变　量	$\ln STAN_{it}$	$ExpCBL_{it}$	$\ln EXPORT_{it}$	$GDPG_{it}$
$(1.2)\ln OFDI_{it}$	4.71*** (3.12)	0.49 (0.43)	1.97** (0.85)	1.88** (3.92)
$(1.3)\ln OFDI_{it}$	5.51*** (2.66)	−1.86** (−0.83)	3.76*** (0.97)	4.80*** (5.57)

由表 6.7 可知,标准化水平较高的省市,标准存量对对外直接投资的影响就较大,标准化排名前十的省市,标准存量每提高 1%,对外直接投资将增加 3.12%,而标准化排名后十的省份/自治区,标准存量每提高 1%,对外直接投资只增加 2.66%。

6.2.3　实证结论分析

(1) 标准化是我国对外直接投资的长期原因,标准存量水平每提高 1%,对外直接投资将相应的增加 3.07%,但标准在短期内并不能提高对外直接投资的增长。造成这一现象的原因可能是目前我国对外直接投资主要流向技术水平相对落后的亚、非、拉国家,这些国家技术标准化意识薄弱,因此国内参与对外直接投资的企业在投资过程中,忽视了企业的技术标准化发展,从而无法打开更为广阔的国际投资市场,将投资视角延伸到发达国家,致使技术标准在短期内无法促进对外直接投资的发展。在长期内,随着技术标准的影响力的不断扩大,国内标准逐渐和国际标准接轨,中国对外投资领域的进一步扩张,标准化会推动中国对外直接投资的发展。

（2）标准的地区性差异会影响地区对外直接投资的差异,标准化水平高的区域,对外投资水平也相应地提高。标准化排名前十的省市的面板数据回归模型中,标准对对外直接投资的影响程度大于 30 个省市的面板数据回归模型所得出的影响程度,标准化水平在区域间的不协调发展,对我国对外直接投资产生了一定的负面影响。

6.3　中国标准竞争优势与外商直接投资的实证研究

6.3.1　文献综述

现有文献中,关于引进外资影响因素的研究有很多,而对于影响因子的选取也是多种多样。许和连、赖明勇、钱晓英（2002）运用偏最小二乘法研究国内生产总值、人均国内生产总值、能源生产量、邮电生产量、货物周转量、职工平均工资、劳动力生产率、汇率、开放度、进口额、国内储蓄、我国经济增长率、全球经济增长率、政策变量以及关税税率对我国引进外资的影响。结果发现,只有关税税率对我国引进外资存在负向影响,其他的因素均存在正向影响。

K.C.Fung, Hitomi Iizaka, Stephen Parker（2002）利用 1991—1997 年的面板数据对美国和日本在华 FDI 的决定因素进行比较分析。对日本而言,对华进行直接投资的影响因素为我国的市场规模、劳动力成本、劳动力素质、开放程度；对美国而言，对华进行直接投资的影响因素为我国的市场规模、劳动力成本、基础设施、经济开发区的数量。李杏(2009)利用我国 1993—2005 年的 29 个省份面板数据，重点检验国内生产总值、国内投资、基础设施和 FDI 的因果关系。结果显示，国内生产总值、国内投资、基础设施与 FDI 之间均存在正向影响。徐康宁、陈建(2008)对不同类型的跨国公司区位选择的影响因素进行分析，得出技术基础是研发类跨国公司的重要影响因素。邓炜、郑兵云(2004)对安徽省的外商直接投资进行分析，结果显示，决定外商在安徽直接投资的因素中，59.71％为人口素质，33.5％为已有"三资"企业数量，23.71％为基本建设投资，说明外商看重受资地的人力资源状况、已有外资企业的集聚和基本设施建设，也意味着成本因素和集聚因素对安徽省 FDI 的区位选择起决定作用。

6.3.2 实证检验

1. 建立模型及变量的选取

本节结合国内外学者的研究，选取市场规模、基础设施、经济发展水平、劳动力成本、劳动力素质作为控制变量，研究我国的标准化水平以及采标率对我国利用外资的影响。表 6.8 为国内外学者对市场规模、基础设施、经济发展水平、劳动力成本、劳动力素质以及技术水平影响我国利用外资进行的研究。

表 6.8 国内外学者关于外商直接投资考虑的主要因素

FDI 的决定因素	正 向	反 向	不显著/不明确
市场规模	Lipsey(1999)；许陈生、夏洪胜（2004）；李杏（2009）	Jaspersen, Aylward, Knox(2000)	Wei(2000)
经济发展水平	陈学彬、余辰俊、孙婧芳（2007）；许和连、赖明勇、钱晓英（2002）	Chen Chunlai(1997)	Elizabeth Asiedu (2002)

续表

FDI 的决定因素	正　　向	反　　向	不显著/不明确
基础设施	郭国林(2009)；Kumar (1994)；肖文、林高榜 (2008)；李杏(2009)		Elizabeth Asiedu (2002)
劳动力素质	沈坤荣、田源(2002)；K. C.Fung，Hitomi Iizaka， Stephen Parker（2002）； 邓炜、郑兵云(2004)		Leonard K.Cheng， Yun K.Kwan(2000)
劳动力成本	Qian Sun，Wilson Tong (2002)；许和连、赖明 勇、钱晓英(2002)	K.C.Fung，et.， (2002)；罗知(2009)	Lipsey(1999)
技术水平	许和连、赖明勇、钱晓英 (2002)；罗长远(2006)；徐 康宁、陈建(2008)；陈国 宏、郭弢(2008)；齐安静 等(2011)		

本节选取我国 2000—2011 年全国 30 个省(市、自治区、直辖市)的面板数据，利用随机效应模型进行实证分析。综合国内外学者的研究，我们主要选取市场规模变量、基础设施变量以及经济发展水平变量作为控制变量，用标准化水平衡量我国的技术水平，采标率代表我国标准的开放水平，分别对我国的标准化总水平、采标率进行比较。

(1) 市场规模($RGDP$)。本节采取大部分学者的做法(Tsai，Lipsey，1999)，以人均国内生产总值衡量每个地区的市场规模。数据来源于 2001—2012 年国家统计年鉴，并以 2000 年为基期消除价格因素的影响。

(2) 基础设施($ROAD$)。肖文、林高榜(2009)以及李文君(2010)即用一个地区单位面积内所拥有的铁路和公路里程数来表示该地区的基础设施水平。我们采用此种方法，数据来源于 2001—2012 年国家统计年鉴以及各地区的统计年鉴。

（3）经济发展水平（*GDPG*）。国内外学者基本用 GDP 增长率来衡量经济发展水平［Elizabeth Asiedu（2002）、Chen Chunlai（1997）、李文君（2010）、赖明勇等（2002）］，本文沿用国内生产总值的增长率作为经济发展水平的衡量指标，数据来源于 2001—2012 年国家统计年鉴以及各地区的统计年鉴。

（4）劳动力素质（*STUD*）。本节采取 K. C. Fung, Hitomi Iizaka, Stephen Parker（2002）的做法，用高等院校毕业人数占该地区总人数的比重来衡量该地区的劳动力素质，数据来自各省份 2000—2012 年的统计年鉴。

（5）劳动力成本（*RWAGE*）。本节采取大部分学者的做法［Qian Sun, Wilson Tong（2002）、Chien-Hsun Chen，K. C. Fung，Hitomi Iizaka，Stephen Parker（2002）］，用各地区的人均工资衡量劳动力成本，数据来自各省份 2000—2012 年的统计年鉴并以 2000 年为基期剔除价格因素的影响。

（6）标准化水平（*STAN*）。本节选取各个省份的技术标准存量（国家标准数量与行业标准数量总和）来衡量该地区的标准化水平。数据来源与万方标准全文数据库，通过在标准的高级搜索"起草单位"中输入各个省份名称，从而获得各个省份每年的标准流量。

（7）标准开放度（*CBL*）。由于数据的可得性，本节主要是以我国的国家标准开放度来衡量我国标准开放度总水平，即国家标准中"等同采用"或"修改采用"国际标准的标准数占我国国家标准总数的比重，数据来源于标准化管理委员会国家标准目录查询。因为采标率有很多零值，因此在进行回归时，对采标率进行了指数化处理。

（8）利用外资（*FDI*）。本节用我国的外商直接投资数据表示我国的利用外资水平。外商直接投资选取全国 30 个省份的外商直接投资流量来衡量，数据来源于 2001—2012 国家统计年鉴以及各省份的统计年鉴，并采用人民币对美元的中间价以 2000 年为基期换算历年实际的外商直接投资额。

全国面板模型为：

$$\ln FDI_{it} = C + \alpha_1 \ln STAN_{it} + \alpha_2 \ln GDP_{it} + \alpha_3 \ln ROAD_{it}$$
$$+ \alpha_4 GDPG_{it} + \alpha_5 \ln STUD_{it} + \alpha_6 \ln RWAGE_{it} + \varepsilon_{it} \quad (6.10)$$

2. 面板单位根检验

在进行回归分析前，要对时间序列数据进行单位根检验。为了保证分析结果的可靠性，本文采用 LLC 检验、IPS 检验、Fisher-ADF 检验以及 Fisher-PP 检验四种检验方法对面板数据进行单位根检验，其检验结果见表 6.9。

表 6.9　面板数据的单位根检验结果

变　量	LLC 检验	IPS 检验	ADF 检验	PP 检验	结　论
$\ln FDI_{it}$	0.000 0***	0.962 5	0.003 1***	0.000 3***	不平稳
$\Delta\ln FDI_{it}$	0.000 0***	0.000 0***	0.000 0***	0.000 0***	平　稳
$\ln STAN_{it}$	0.000 0***	0.987 4	0.997 0	0.613 8	不平稳
$\Delta\ln STAN_{it}$	0.000 0***	0.000 0***	0.000 2***	0.000 1***	平　稳
$\ln GDP_{it}$	0.010 1**	0.999 9	0.994 2	0.039 9**	不平稳
$\Delta\ln GDP_{it}$	0.000 0***	0.000 0***	0.000 0***	0.000 0***	平　稳
$\ln ROAD_{it}$	0.000 6***	0.616 9	0.879 7	0.844 5	不平稳
$\Delta\ln ROAD_{it}$	0.000 0***	0.000 0***	0.000 6***	0.000 0***	平　稳
$GDPG_{it}$	0.000 0***	0.000 0***	0.000 0***	0.000 0***	平　稳
$\Delta GDPG_{it}$	0.000 0***	0.000 0***	0.000 0***	0.000 0***	平　稳
$\ln STUD_{it}$	1.000 0	1.000 0	1.000 0	1.000 0	不平稳
$\Delta\ln STUD_{it}$	0.000 0***	0.001 8***	0.000 0***	0.000 0***	平　稳
$\ln RWAGE_{it}$	0.000 0***	0.344 5	0.058 2*	0.056 1*	不平稳
$\Delta\ln RWAGE_{it}$	0.000 0***	0.000 1***	0.000 0***	0.000 0***	平　稳
CBL_{it}	0.059 1*	0.984 3	0.998 0	0.990 5	不平稳
ΔCBL_{it}	0.000 0***	0.000 0***	0.000 0***	0.000 0***	平　稳

注：1. 本节所有计量都是运用 Eviews6.0 计算得到；
2. 变量前加"Δ"表示该变量的一阶差分；
3. *、**、***表示统计量在 10%、5%、1%的显著性水平下显著。

从面板单位根检验的结果可以看出，各变量均在 1% 的显著性水平下一阶单整，因此可以做面板回归分析。

3. 面板回归结果

本节主要是以样本对总体效应进行推论，因此使用随机效用模型，运用 Eviews6.0 对面板数据进行随机效应回归，所得结果如表 6.10 所示。

表 6.10 面板模型回归结果

变 量	模型 1 系数	模型 2 系数	模型 3 系数	模型 4 系数	模型 5 系数
C	4.565 0 (3.996 7***)	4.380 0 (3.847 6***)	4.565 0 (3.996 7***)	4.130 5 (3.615 4***)	3.514 3 (3.014 6***)
$\ln STAN_{it}$	0.459 0 (3.732 8***)			0.445 0 (3.586 3***)	0.464 3 (3.737 3***)
$\ln STAN(-1)_{it}$		0.411 1 (3.435 0***)			
$\ln STAN2_{it}$			0.229 6 (3.732 8***)		
CBL_{it}				$-0.392\,5$ ($-2.723\,2$***)	
JHX_{it}					0.093 3 (3.004 9***)
$\ln GDP_{it}$	0.565 5 (2.237 3**)	0.609 8 (2.431 5**)	0.565 5 (2.237 3**)	0.554 7 (2.201 9**)	0.562 7 (2.236 1**)
$GDPG_{it}$	0.690 9 (1.831 1*)	0.614 1 (1.644 0)	0.690 9 (1.831 1*)	0.559 1 (1.455 2)	0.534 9 (1.393 1)
$\ln RWAGE_{it}$	$-0.457\,7$ ($-1.707\,2$*)	$-0.473\,2$ ($-1.768\,8$*)	$-0.457\,7$ ($-1.707\,1$*)	$-0.445\,4$ ($-1.695\,2$*)	$-0.433\,1$ ($-1.691\,6$*)
$\ln ROAD_{it}$	0.292 5 (2.989 6***)	0.298 0 (3.050 1***)	0.292 5 (2.989 7***)	0.305 5 (3.138 5***)	0.314 2 (3.225***)
$\ln STUD_{it}$	0.082 6 (0.867 1)	0.106 5 (1.129 6)	0.082 6 (0.867 1)	0.167 0 (1.731 6*)	0.164 9 (1.691 6*)
调整后 R^2	0.955 7	0.955 8	0.955 8	0.956 3	0.956 4
F 值	185.354 5 (0.000 0)	185.919 2 (0.000 0)	185.354 5 (0.000 0)	182.572 3 (0.000 0)	183.306 8 (0.000 0)

注:$STAN(-1)$ 代表的是滞后一期的标准化水平,$STAN2$ 代表的是各地区标准存量的平方。JHX 是采标率与我国标准存量的乘积。

由实证结果可知,全国面板模型回归方程:

$$\ln FDI_{it} = 4.57 + 0.46\ln STAN_{it} + 0.57\ln GDP_{it} + 0.29\ln ROAD_{it}$$
$$+ 0.69GDPG_{it} + 0.08\ln STUD_{it} - 0.46\ln RWAGE_{it} \qquad (6.11)$$

表 6.10 结果说明,5 个模型调整后的 R^2 值都比较高,说明模型的拟合度较好。控制变量中,除了劳动力成本的系数为负,其他解释变量的系数均为正。5 个模型都说明了,我国的标准化水平是吸引外商直接投资的一个重要因素,标准存量的增加能够吸引外商直接投资的进入。我国的标准化总水平的 3 个模型中,标准存量对外商直接投资的影响大于滞后一期的标准存量和标准存量的平方,这与学者们所说的标准存在滞后性相反,且并不是标准总量持续增加所带来的吸引作用就越大。在我国采标率的两个模型中,采标率对我国外商直接投资的作用为负,与预期不一致,这可能是因为选取国家标准的采标率代表我国标准总的开放度存在一定限制。

6.3.3　实证结论分析

(1) 在模型 1、2、3 中,对我国外商直接投资吸引最大的是我国的经济发展水平,其贡献系数超过 0.61,但仅在模型 1、3 中通过检验。位列第二的是我国的市场规模,其贡献系数在三个模型中,均在 5% 的显著性水平下超过 0.56。而我国的标准化水平,三个模型中均在 1% 的显著水平下通过检验,但其贡献弹性系数有一定差距。模型 1 中,我国的标准化总水平对外商直接投资的贡献系数达到 0.46,其对外商直接投资的影响位列第三。即我国的标准化总水平增加 1 个百分点,我国的外商直接投资会相应增加 0.46 个百分点。滞后一期的标准存量对我国外商直接投资的贡献系数略小于标准存量的贡献系数,但差距不大,其贡献系数为 0.41。而标准存量的平方对外商直接投资的贡献系数为 0.23,小于标准存量的贡献系数 0.46。这说明,仅仅只是标准数量的增多,虽然在一定程度上能够吸引外商直接投资,但标准的吸引作用减弱。因此,要加强我国外商直接投资的吸引力度,虽然要注重我国标准存量总规模,但是也不能盲目追求总量增加。

(2) 在模型 4、5 中,对我国外商直接投资吸引最大的是市场规模,其贡献系数均在 5% 的水平上超过 0.55。其次是经济发展水平,但其贡献系数不显著。劳动力成本、劳动力素质以及基础设施的贡献系数与前 3 个模型表现出一致的效果。我国的标准化总水平系数的贡献系数，在1%的显著水平下0.44。采标率的贡献系数也是在1%的水平下显著，但其系数为负数，说明我国的采标率对外商直接投资产生负向影响。而采标率与标准总存量乘积的贡献系数在1%的显著水平下为0.09。这可能是因为，用我国国家标准的采标率代替所有标准（国标＋行标）的采标率存在一定局限，并不能很好的代表我国标准的开放程度。

6.4 中国标准竞争优势与国际竞争力的实证研究

6.4.1 文献综述

1. 产业国际竞争力的理论来源

竞争力理论渊源可以追溯到古典主义经济学理论，其主要代表是大卫·李嘉图的比较优势理论等。但是，直到20世纪90年代，波特提出一整套完整的竞争力理论体系才真正地标志着竞争力理论逐渐走向成熟。

亚当·斯密在1776年提出了绝对优势理论，认为竞争力来源于各国生产成本和效率的差异。大卫·李嘉图在1871年通过提出比较优势理论而拓展了绝对优势理论，认为某个国家的产业虽然不具有绝对优势，但只要具有比较优势，也能参与国际竞争并具有一定的产业竞争力。但是，这两位经济学家的理论是建立在苛刻的研究假设基础之上的。到20世纪之后，经济学家们逐渐放宽这些假定，促进了竞争力理论的不断发展。通过放宽资源要素条件的约束，产生了新的比较优势理论即资源要素禀赋理论，该理论认为比较优势产生于各国生产要素禀赋的不同及不同产品生产要素使用密集度上的差别，密集使用本国相对充裕的要素生产的产品具有竞争力。总之，比较优势理论的各模型把国家间先天赋予的生产条件差别作为产业国际竞争力的来源，并且这些理论模型的描述都只是静态情况。20世纪50年代之后，经济学家逐渐放宽静态假设，通过引入规模经济、技术进步、国际资本流动等因素,提出了动态比较优势理论,如 Hajime Oniki 和 Hirofumi Uzawa (1965)创立了比较优势动态模型,认为比较优势不是一成不变的,任何一国的比较优势都将随着要素供求状况与技术的变迁而发生变化,如弗农(1966)提出了产品生命周期理论;到 80 年代,以保罗·克鲁格曼为代表的一批经济学家创建了一个新的分析框架,提出了"新贸易理论"。

随着生产要素在产业竞争中不再扮演决定性角色,其价值也在快速消退,而规模经济理论虽然重要,但并没有回答哪些国家的企业能发展规模经济,规模经济可以应用到什么样的产业中等问题,迈克尔·波特认为,比较优势理论、规模经济理论、产品周期理论等都不能很好地说明产业竞争力的来源。因此,他提出了国家竞争优势理论,该理论也被称为"钻石模型",认为某国产业竞争优势是由四个主要因素决定的,即生产要素、需求条件、相关和支持性产业,以及企业战略、结构与同业竞争状态和两个辅助因素的影响,即机遇和政府。这六个因素互相影响、相互加强,共同构成了一国产业国际竞争力的来源。波特国家竞争优势理论第一次为产业竞争力研究提供了一个系统的分析框架,但也存在一些缺陷,该理论过分强调国家"商业环境"对产业竞争力形成的外在作用,忽视了产业内在因素的主导作用;淡化了"技术创新"对产业竞争力的决定性作用等。后来有不少学者对波特的"钻石模型"进行一些改进,丰富和发展了产业国际竞争力理论。如芮明杰(2006)提出了吸收与创新能力与国际竞争力模型,指出吸收和创新能力也构成了产业国际竞争力的重要原因,因此主张将另一个核心因素——知识吸收与创新能力,纳入到"钻石模型"。

随着标准经济学的兴起,人们越来越关注技术标准对产业国际竞争力提升的影响。Gregory Tassey(2000)研究发现标准的作用可以分为四类:可靠性作用、信息作用、兼容作用、多样化减少作用。Swann(2000)从这四个方面分析了标准的效应,他认为标准的兼容性可以带来网络效应;标准的质量规定可以避免劣品驱逐良品的出现,减少交易成本;标准的多样化减少作用能使得产品达到临界量,取得规模经济作用;标准的信息作用可以促进贸易,也能降低交易成本。这些作用使得技术标准可以通过规范市场、加强竞争、降低交易成本、促进规模经济来促进产业的发展,进而影响产业的竞争力。赵树宽等(2003)通过研究技术标准作为一个重要的技术经济要素对产业竞争优势的获得具有七方面重要作用,如加速技术创新和技术扩散,提高产品的市场竞争力;降低产品成本,促进规模效应;改善市场结构,规范市场秩序;提高区域精致化需求水平;创造新型生产要素;获取知识产权;促进对外贸易等,从而阐明了技术标准化对产业竞争力的影响机理。龚艳萍、周亚杰(2008)认为技术标准也是产业国际竞争力的重要因素,并结合中国电子信息产业为例,运用相关性分析和格兰杰检验证明了技术标准对产业国际竞争力的影响,结果显示技术标准与产业国际竞争力具有高度的正相关关系。张宝友等(2012)从技术创新、市场竞争、企业盈利能力及政府规制四个中间变量切入,阐明了从物流标准到技术创新、市场竞争、企业盈利能力及政府规制再到物流产业竞争力之间的效应传导机制,并通过构建实证模型证明了物流标准对产业国际竞争力的提升具有较大作用。因此,结合国内外研究可知,标准无疑构成了产业国际竞争力的重要因素,可以将其纳入到产业国际竞争力的分析框架之内。

2. 产业国际竞争力的评价方法及模型

对产业国际竞争力的评价方法既有定性分析,也有定量分析,主要的评价方法有五类:指标综合评价法、竞争结果评价法、影响因素剖析法、全要素生产率法和标杆法。在这五类指标中,定量分析的竞争结果评价法是比较常用的,在这类方法中主要采用显性比较优势指数(Revealed Comparative Advantage Index,RCA)、净出口份额(NXS)等。显性比较优势指数是指一个国家某种出口商品占其出口总值的比重与世界该类商品占世界出口总值的比重二者之间的比率。若 $RCA > 1$,表示该国此种商品具有显性比较优势;$RCA < 1$,则说明该国商品没有显性比较优势。净出口份额是指一国某产业出口总额占世界该产业出口总额的比例,反映一国该产业出口的整体竞争力。另一类方法主要是采用全要素生产率法,该方法主要是从技术进步对产出增长贡献的角度来分析生产率的变化,从而对产业竞争力进行评价。

对产业国际竞争力的评价体系众多,而且考量的指标众多,实际应用过程中不易操作。而对产业国际竞争力评价的实证模型也很多,但是国外比较有名的两个模型为 Kim-Marion 模型和 Moreno 模型。

Donghwan Kim 和 Bruce W.Marion(1997)在研究美国食品制造业的国内市场结构与竞争强度对其国际竞争力的决定作用时采用模型:

$$IC = \alpha_0 + \alpha_1(K/L) + \alpha_2 RAW + \alpha_3 MDS + \alpha_4 YD + \alpha_5 FDI$$
$$+ \alpha_6 CR + \alpha_7 AS + \alpha_8 RD + \alpha_9 MES + \varepsilon \qquad (6.12)$$

在式(6.12)中,IC 表示制造业的国际竞争力,用 RCA 指数或者 NXS 等指标来代替;CR 用排名前 4 位的企业销售收入占本产业全部销售收入的比重来表示,反映产业的集中度,也反映市场的竞争强度;(K/L) 是指净资产总额除以员工人数后所得到商,表示产业的资本密集度;RAW 是指原材料的价格或非价格竞争力,反映相关与辅助产业的影响;MDS 指平均的供货半径;YD 是指年度变量,反映宏观经济政策变化的影响;FDI 即外国直接投资;AS 是指产业的广告密度,可以用广告支出占销售收入的比重来反映,主要用来考察国内场竞争强度与产业国际竞争力的关系;RD 即研究与开发的强度,反映技术进步对产业国际竞争力的影响;MES 即最小有效企业规模,一般用产业中位居企业产出比重中位数的企业的规模来表示,这一指标主要用来度量规模经济对于产业国际竞争力的影响。该模型实证结果表明产业集中度对其净出口份额(NXS)起反向作用,农业的投入、R&D 强度、企业规模等因素是决定产业国际竞争力的重要决定因素。

Lourdes Moreno 在研究西班牙制造业国际竞争力的决定因素时,采用模型:

$$\ln RX = \alpha_0 + \alpha_1 \ln Y + \alpha_2 \ln REER + \alpha_3 \ln DD + \alpha_4 AE + \varepsilon \qquad (6.13)$$

在式(6.13)中,RX 表示制造业出口额;Y 表示出口对象国的收入水平;$REER$ 表示本国货币的实际有效汇率;DD 表示制造业或分支产业的国内需求压力;AE 表示产业的广告密度;TC 表示技术资本投入水平。该模型实证结果表明非价格因素对产业的国际竞争力有显著作用,特别是技术进步和广告两个因素对产业的出口具有显著的正向影响。

王仁曾(2002)根据中国的实际情况和数据的可得性,提出了适合评价中国的产业国际竞争力的实证模型:

$$RCA = \alpha_0 + \alpha_1 \ln(K/L) + \alpha_2 CI + \alpha_3 AS + \alpha_4 TP + \alpha_5 TI + \varepsilon \qquad (6.14)$$

在式(6.14)中,RCA 表示显性比较优势指数,反应产业国际竞争力;K/L 表示资本密集度,用产业的人均占有总资产额来表示;CI 代表产业集中度,用排名前四位企业的销售收入占整个产业销售收入的比重表示;AS 表示企业规模,用平均每个企业的销售收入来表示;TP 表示 R&D 人力强度,用产业的 R&D 人员数占职工总人数的比重来表示;TI 代表 R&D 强度,用产业的 R&D 经费支出占销售收入的比重来表示。该模型实证结果表明产业集中度、规模经济、技术创新对产业国际竞争力都有显著影响,并且产业集中度是负相关关系,而规模经济和技术创新则具有正向影响。

6.4.2 实证检验

1. 产业国际竞争力与技术标准化的现状分析

(1)行业面板数据的选取及归类。

本节选取了我国 2000—2011 年食品制造行业、服装纺织行业、木材行业、造纸行业、化工行业、橡胶和塑料行业、金属制品行业、电气工程行业、电子电信行业、办公机械行业十个行业的面板数据进行实证分析。由于标准的国际分类(ICS)和国际工业部门分类(第二版 ISIC Rev.2)与中国国民经济行业分类标准存在差异,所以本文必须将三者通过合并以使统计口径趋于一致,三者之间具体的对应关系见表 6.11。

表 6.11　ICS、ISIC(Rev.2)及国民经济行业分类对应关系

行业归类	ICS	ICS 代码	ISIC	ISIC 代码	国民经济行业分类
食品制造行业	食品技术	67	食品、饮料和烟草	01;02;04;05;06;07;09;11;22;41;42;43;592.1;727	食品制造业;饮料制造业;烟草制造业

续表

行业归类	ICS	ICS代码	ISIC	ISIC 代码	国民经济行业分类
服装纺织行业	纺织皮革技术	59	纺织、鞋类和皮革	21；26；61；65；724	纺织业；纺织服装、鞋、帽制造业；皮革、毛皮、羽毛（绒）及其制品业
	服装工业	61		842；843；844；845；846；847；848；851	
木材行业	木材技术	79	木材；软木和家具	24；63；728.12；728.44	木材加工及木、竹、藤、棕、草制品业；家具制造业
造纸行业	造纸技术	85	纸和印刷	25；64；725；726	造纸及纸制品业；印刷业和记录媒介的复制
化工行业	化工技术	71	工业化学	51；52；55；57	化学原料及化学制品制造业；化学纤维制造业
	涂料和颜料工业	87		53；895.91	
橡胶和塑料行业	橡胶和塑料工业	83	橡胶和塑料制品	23；58；582.2；62；728.42；893.99	橡胶制品业；塑料制品业
金属制品行业	机械系统和通用件	21	金属制品	694；699.2；699.3；699.4；749.1；749.3；749.9	金属制品业
电气工程行业	电气工程	29	电子机械	693；716；771；772；773；778；893.5	电气机械及器材制造业
电子电信行业	电子学	31	电子设备和元件	776	通信设备、计算机及其他
	电信、音频和视频工程	33		761；762；763；764	
办公机械行业	信息技术、办公机械	35	办公设备和计算机	751；752；759；893.94；895.1；895.2；895.92；895.93；895.94；895.95	仪器仪表及文化、办公用机械制造业

　　注：ICS 和 ISIC Rev. 2 之间的对应关系参见 Knut Blind 著的 *The Economics of Standards Theory*，*Evidence*，*Policy* 一书。

（2）显示性比较优势指数。

显示性比较优势指数通过一个产业在该国出口中所占的比重与世界贸易中该产业占世界贸易总额的比重来表示，因而就剔除了国家总量和世界总量波动的影响，可以较好地反映一个国家某一产业的出口与世界平均出口水平的比较优势。该指数值越大，表明该国本产业的产品比较优势越大，产业国际竞争力越强。按照日本贸易振兴会（JERTO）提出的标准，当 $RCA_{ij} > 2.5$ 时该产业具有极强的竞争优势；当 $0.8 < RCA < 1.25$ 时该产业具有中等竞争优势；当 $RCA < 0.8$ 时则该产业处于竞争劣势。

从表 6.12 可知，在这十大产业中，一直都处于竞争劣势的产业有食品制造行业、造纸行业、化工行业、橡胶和塑料行业，这些行业历年的 RCA 指数不足 0.8，其中食品制造行业的 RCA 指数还在不断下降，表明竞争劣势一直在不断加剧，其他行业的 RCA 指数则有所上升，表明虽处于竞争劣势却在逐年改善当中；从不具有到具有中等竞争优势的产业是木材行业，RCA 指数从 0.765 逐渐上升至 0.948；一直都具有国际竞争优势的产业是服装纺织行业、金属制品行业、电气工程行业、电子电信行业、办公机械行业，其中服装纺织行业虽具有很强的竞争优势，但是这种

表 6.12　各行业历年 RCA 指数

	2000年	2001年	2002年	2003年	2004年	2005年	2006年	2007年	2008年	2009年	2010年	2011年
食品制造	0.692	0.620	0.577	0.513	0.406	0.407	0.373	0.350	0.301	0.301	0.306	0.304
服装纺织	3.399	3.240	3.100	2.982	2.889	2.937	3.012	2.950	3.152	3.066	2.993	3.067
木　　材	0.748	0.809	0.828	0.790	0.830	0.874	0.971	0.914	0.951	0.947	0.925	0.948
造　　纸	0.246	0.249	0.252	0.261	0.267	0.330	0.384	0.427	0.438	0.455	0.461	0.552
化　　工	0.765	0.763	0.695	0.622	0.607	0.665	0.670	0.664	0.816	0.694	0.718	0.800
橡胶塑料	0.565	0.549	0.547	0.500	0.517	0.574	0.598	0.604	0.639	0.632	0.645	0.708
金属制品	0.933	0.924	0.894	0.855	0.910	0.956	0.983	1.022	1.248	1.108	1.131	1.225
电气工程	1.377	1.431	1.454	1.394	1.399	1.419	1.473	1.545	1.694	1.617	1.637	1.708
电子电信	1.018	1.255	1.428	1.530	1.700	1.831	1.888	1.977	2.178	2.106	2.029	2.180
办公机械	1.251	1.560	2.093	2.776	3.001	3.080	3.095	3.330	3.570	3.444	3.471	3.554

优势正在逐渐弱化,而金属制品行业、电气工程行业、电子电信行业、办公机械行业的竞争优势却在不断加强,又以办公机械行业的竞争优势增加最为突出,RCA指数从 1.251 上升到 3.554,成为具有极强竞争力的产业。

(3) 各产业技术标准化现状分析。

从表6.13 可知,在这十大行业中,标准存量年年都会维持一定的增长。到 2011年为止,标准存量较多的行业有食品制造行业、服装纺织行业、化工行业、电气工程行业、电子电信行业、办公机械行业;而标准存量相对较少的行业只有木材行业和造纸行业。增长速度方面,在这 12 年里,食品制造行业、化工行业、电气工程行业增长的速度最快,相比 2000 年增长了 8 倍多;而服装纺织行业、电子电信行业、金属制品行业增长速度较慢,只增长了不到 3 倍,但是增长速度最慢的电子电信行业也增加了近 1.6 倍之多。这些都说明我国各行业的标准化工作取得了良好的进展。

表 6.13　各行业历年标准存量(条)

	2000年	2001年	2002年	2003年	2004年	2005年	2006年	2007年	2008年	2009年	2010年	2011年
食品制造	279	303	432	483	877	1 056	1 323	1 639	2 113	2 740	2 795	2 936
服装纺织	594	666	716	761	813	926	1 116	1 274	1 487	1 706	2 103	2 262
木　　材	75	84	88	100	117	118	156	163	204	273	329	369
造　　纸	30	30	35	58	75	99	115	140	169	213	251	273
化　　工	804	895	992	1 045	1 268	1 397	1 683	2 046	2 683	2 963	3 261	3 648
橡胶塑料	250	293	353	412	489	567	666	734	975	1 145	1 237	1 316
金属制品	401	495	517	567	641	682	749	867	989	1 070	1 149	1 212
电气工程	276	320	417	483	598	720	866	1 122	1 569	2 012	2 292	2 539
电子电信	1 076	1 114	1 196	1 286	1 415	1 575	1 779	2 129	2 394	2 627	2 755	2 796
办公机械	414	485	562	755	842	939	1 155	1 337	1 484	1 630	1 684	1 856

我国各行业标准化工作取得的成果离不开吸收国外先进技术标准和国际标准的优秀成果。从表6.14 可知,我国采用国际标准和国外先进技术标准的存量都是逐年增加的,其中数量较多的行业有橡胶和塑料行业、电气工程行业、电子电信行业、办公机械行业,而采用国际标准和国外先进技术标准占比较多的行业有橡

胶和塑料行业、电气工程行业、电子电信行业、办公机械行业。

表6.14　各行业历年采标存量(条)

	2000年	2001年	2002年	2003年	2004年	2005年	2006年	2007年	2008年	2009年	2010年	2011年
食品制造	5	5	5	15	33	39	57	60	117	225	228	255
服装纺织	3	16	20	39	47	63	107	110	129	208	303	318
木　材	4	4	4	6	9	9	22	22	38	57	58	59
造　纸	1	1	2	5	12	12	17	18	32	105	106	108
化　工	37	37	37	39	53	57	63	90	195	229	273	318
橡胶塑料	21	23	34	68	94	114	142	180	272	383	422	447
金属制品	15	38	41	56	98	101	129	150	170	218	230	245
电气工程	57	70	79	111	148	187	247	332	469	757	867	961
电子电信	214	232	254	289	335	347	362	407	461	499	501	525
办公机械	186	212	230	251	263	279	312	347	407	488	497	584

随着经济全球化的发展和我国对外开放的加深,各种外资企业也逐渐加入到中国的标准化进程中,其中最明显最主要的方式就是直接参与中国标准的起草、制定和实施的过程。从表6.15可知,外资参与中国制定的标准数量在逐年增加,

表6.15　各行业历年外资参与的标准存量(条)

	2000年	2001年	2002年	2003年	2004年	2005年	2006年	2007年	2008年	2009年	2010年	2011年
食品制造	3	3	4	5	6	11	25	45	74	119	148	160
服装纺织	3	3	4	4	4	22	24	33	55	85	147	183
木　材	1	1	1	1	2	2	3	3	11	18	26	31
造　纸	0	0	0	1	1	3	4	8	14	17	23	27
化　工	1	2	3	5	10	35	44	79	167	203	234	306
橡胶塑料	1	1	2	15	23	35	49	61	105	142	159	174
金属制品	0	0	0	0	0	0	0	0	18	18	18	18
电气工程	0	1	2	2	2	3	5	7	30	37	50	65
电子电信	1	1	1	5	12	17	37	52	93	174	230	239
办公机械	1	1	3	3	4	5	9	14	22	34	37	44

并且这种趋势还在加快。其中又以食品制造行业、服装纺织行业、化工行业、橡胶和塑料行业、电子电信行业最为突出。

2. 变量的选取、数据来源及模型的建立

模型采用 RCA 作为测度产业国际竞争力的指标并作为被解释变量,因为相比之下该指数能很好地剔除国家总量和世界总量波动的影响,同时指标数据可获得性强、容易量化,具有良好的操作性;解释变量方面,我们在王仁曾(2002)研究的基础上选取标准化水平($STAN$)、标准对外开放水平($INTER$)、外资参与标准化水平(WZ)、资本密集度(K/L)、企业规模(AS)、研发投入强度(RD)、研发人力强度(TP)七个测算指标。

(1)产业国际竞争力(RCA)。模型用显性比较优势指数来测度产业国际竞争力,计算公式前文已经给出,不再赘述。该指数能够较好地描述一个国家某产业的相对出口竞争能力。中国和世界的行业出口数据根据 ISIC Rve.2 分类下相关行业代码的出口数据加总而得,数据来源于 UN Comtrade 数据库;中国和世界总出口数据来源于历年《中国统计年鉴》。

(2)标准化水平($STAN$)。模型采用该行业中现行的国家标准和行业标准的存量之和来衡量一个行业的标准化水平。标准存量的增加能反映技术标准的发展状况,而技术标准对经济的影响正是通过标准存量的增加而显现的。一个行业的标准存量越大,说明该行业的标准化水平越高,技术标准所起的作用也就越大。而且,从实证角度来说,标准存量数据可获得性强,易于衡量和分析。标准存量数据根据 ICS 分类下相关行业现行的国家标准与行业标准按实施日期统计加总而得,数据来源于工标网。

(3)标准对外开放水平($INTEL$)。标准对外开放水平可以用标准中采用国际标准和国外先进技术标准的存量(简称采标存量)之和来表示,它能够很好地反映一国标准的国际化水平和标准本身制定过程的对外开放程度。但是,基于行业标准的采标情况难以统计,模型仅用该行业国家标准中采用国际标准和国外先进标准的存量之和来表示标准对外开放水平,即 $INTEL$ =采用国际标准的存量+国外先进技术标准存量。数据来源于国家标准化管理委员会国家标准目录查询数据库,采标存量根据 ICS 分类下相关行业现行的国家标准中"等同于"(IDT)和"修改采用"(MOD)国外标准两项数量之和按实施日期统计来表示。

(4) 外资参与标准化水平(WZ)。模型采用该行业现行的我国国家标准和行业标准中有外资企业参与制定的标准存量之和来表示外资参与标准化水平,该指标用以衡量外资参与中国标准化工作对中国各行业产业国际竞争力的影响。外资参与的标准存量数据是根据 ICS 分类下相关行业现行的国家标准与行业标准中起草单位下有外资企业(包括外商独资企业、中外合资企业、中外合作企业)参与的按实施日期统计加总得到,数据来源于工标网。

(5) 资本密集度(K/L)。模型用行业大中型工业企业的人均占有总资产额来表示资本密集度,即 K/L=行业总资产/行业从业人数,该指标能反映行业内资本资源的充裕程度对产业国际竞争力的影响。

(6) 企业规模(AS)。模型用行业大中型工业企业平均销售收入表示企业规模,即 AS=行业销售收入/行业企业个数,用该指标来反映规模经济对产业国际竞争力的影响。

(7) 研发投入强度(RD)。模型用行业大中型工业企业的研发内部支出占其销售收入的比重来表示研发投入强度,即 RD=该行业的研发支出/该行业销售收入。

(8) 研发人力强度(TP)。模型用行业大中型工业企业的研发人数占行业总人数的比重来表示研发人力强度,即 TP=行业中研发人数/行业从业人数。用研发投入强度和研发人力强度两项指标来反映技术创新投入对产业国际竞争力的影响。

资本密集度、企业规模、研发投入强度、研发人力强度的行业数据是在国民经济行业分类下采集的,采用的是行业大中型工业企业的历年数据。其中,企业个数、总资产、销售收入、从业人数的数据来源于《中国统计年鉴》,2000—2002 年从业人数来源于《中国科技统计年鉴》。行业的研发内部支出和研发人数来源于《中国科技统计年鉴》,而 2011 年因无大中型工业企业的数据故用行业规模以上工业企业的数据近似代替。由于自然对数变换不改变数据原来的协整关系并能使趋势线性化以及消除时间序列中存在的异方差,所以本文对标准存量、采标存量、外资参与的标准存量、资本密集度、企业规模取对数形式。

因此,评价产业国际竞争力的模型可设立为:

$$RCA_{it} = C_i + \alpha_1 \ln(K/L)_{it} + \alpha_2 \ln AS_{it} + \alpha_3 RD_{it} + \alpha_4 TP_{it}$$
$$+ \alpha_5 \ln STD_{it} + \alpha_6 \ln INTEL_{it} + \alpha_7 \ln WZ_{it} + \varepsilon_{it} \qquad (6.15)$$

其中,模型中 C_i 为截距项,ε_{it} 为误差项,α_i 为各变量系数,解释变量为 $\ln(K/L)$、$\ln AS$、RD、TP、$\ln STD$、$\ln INTEL$、$\ln WZ$,被解释变量为 RCA,例如 $\ln STD_{it}$ 代表 i 行业 t 时期的标准存量,同理,其他变量亦是如此。

3. 面板数据单位根检验

在计量分析中,面板数据可能是非平稳的,如果简单地进行回归,会出现虚假回归或伪回归。为了避免伪回归,确保估计结果有效,必须对面板数据进行平稳性检验。目前,根据是否所有截面序列具有相同的单位根过程,面板数据单位根检验有两种方法,一种是同质单位根检验,即假定所有的截面数据都具有相同的单位根过程,也就是对于所有的 i 都有 $\rho_i = \rho$,这类检验有 LLC 检验、Breitung 检验、Hadri 检验三种。另一种是异质单位根检验,即假定截面数据在不同的截面序列存在不同的单位根过程,这类检验包括 IPS 检验、Fisher-ADF 检验、Fisher-PP 三种。不同的检验方法各有利弊,考虑到数据的限制和各类方法的局限,本文采用 LLC 检验、IPS 检验、Fisher-ADF 检验以及 Fisher-PP 检验这 4 种方法对面板数据进行单位根检验,具体检验结果见表 6.16。

表 6.16　面板数据单位根检验结果

变　量	检验方法				结　论
	LLC 检验	IPS 检验	ADF 检验	PP 检验	
RCA_{it}	0.000 3***	0.823 9	0.918 5	0.402 3	不平稳
ΔRCA_{it}	0.000 0***	0.000 1***	0.000 5***	0.000 2***	平　稳
$\ln STD_{it}$	0.289 2	0.867 3	0.919 3	0.987 7	不平稳
$\Delta \ln STD_{it}$	0.000 0***	0.000 1***	0.000 4***	0.000 6***	平　稳

续表

变　量	检验方法				结　论
	LLC 检验	IPS 检验	ADF 检验	PP 检验	
$\ln(K/L)_{it}$	0.000 6***	0.410 7	0.381 7	0.215 0	不平稳
$\Delta\ln(K/L)_{it}$	0.000 0***	0.000 0***	0.000 0***	0.000 0***	平　稳
$\ln AS_{it}$	0.050 0*	0.999 6	1.000 0	1.000 0	不平稳
$\Delta\ln AS_{it}$	0.000 0***	0.001 1***	0.006 0***	0.006 9***	平　稳
RD_{it}	0.000 0***	0.141 0	0.179 8	0.000 5***	不平稳
ΔRD_{it}	0.000 0***	0.000 0***	0.000 0***	0.000 0***	平　稳
TP_{it}	0.132 7	0.082 9*	0.092 4*	0.256 7	不平稳
ΔTP_{it}	0.000 0***	0.000 0***	0.000 0***	0.000 0***	平　稳
$\ln INTEL_{it}$	0.000 9***	0.239 7	0.245 0	0.018 3**	不平稳
$\Delta\ln INTEL_{it}$	0.000 0***	0.000 0***	0.000 0***	0.000 0***	平　稳
$\ln WZ$	0.004 9***	0.771 2	0.813 0	0.348 8	不平稳
$\Delta\ln WZ$	0.000 0***	0.000 0***	0.000 0***	0.000 0***	平　稳

注:1. 本节所有计量结果都是运用 Eviews6.0 计算而得;

2. 变量前加"Δ"表示该变量取一阶差分;

3. 单位根检验时,各变量原始数据都是选择带截距项和时间趋势选项,一阶差分都是选择只带截距选项;

4. 滞后阶数都是由 SIC 准则自动确定;

5. *, **, *** 表示统计量在 10%、5%、1%的水平下显著(下同)。

从面板数据单位根检验结果可知,各变量都是非平稳的,但是它们的一阶差分均在 5%的显著性水平下拒绝原假设,表现平稳,均为一阶单位根过程。

4. 面板数据协整检验

根据以上面板数据单位根检验结果可知,各变量都是一阶单整,因此,满足协整检验的条件。面板数据协整检验方法有两类,一类是建立在 Engle and Granger 二步法基础上的 Kao 检验和 Pedroni 检验;另一类是建立在 Johansen 协整检验基础上的面板协整检验。本文由于面板数据样本限制只能采取前一种检验方法,并且 Pedroni 检验是适用于组中只包含 7 个和 7 个以下的序列情形,因此,将 8 个变量分成两次完成检验,具体的分组及协整检验结果见表6.17。

表 6.17　Kao 检验和 Pedroni 检验结果

	检验假设	统计量	统计值	P 值
Kao 检验	H0：$\rho=1$	ADF	$-2.612\,177$	0.004 5***
RCA 与 ln(*K/L*)、ln *AS*、*RD*、*TP*、ln *STD*、ln *INTEL* 的 Pedroni 检验	H0：$\rho=1$ H1：$(\rho i=\rho)<1$	Panel v-Statistic	3.547 925	0.000 7***
		Panel rho-Statistic	5.215 641	0.000 0***
		Panel PP-Statistic	$-8.455\,942$	0.000 0***
		Panel ADF-Statistic	$-1.212\,118$	0.191 4
	H0：$\rho=1$ H1：$(\rho i=\rho)<1$	Group rho-Statistic	5.885 484	0.000 0***
		Group PP-Statistic	$-20.796\,24$	0.000 0***
		Group ADF-Statistic	$-4.606\,861$	0.000 0***
RCA 与 ln(*K/L*)、ln *AS*、*RD*、*TP*、ln *STD*、ln *WZ* 的 Pedroni 检验	H0：$\rho=1$ H1：$(\rho i=\rho)<1$	Panel v-Statistic	$-0.563\,704$	0.340 3
		Panel rho-Statistic	5.657 858	0.000 0***
		Panel PP-Statistic	$-3.630\,323$	0.000 5***
		Panel ADF-Statistic	$-3.833\,933$	0.000 3***
	H0：$\rho=1$ H1：$(\rho i=\rho)<1$	Group rho-Statistic	6.182 315	0.000 0***
		Group PP-Statistic	$-8.635\,114$	0.000 0***
		Group ADF-Statistic	$-2.066\,015$	0.047 2**

注：1. Kao 检验时，自动选择的是包含个体确定效应的选项；

2. Pedroni 检验时，选择的是包含个体确定效应和个体趋势的选项；

3. 滞后阶数由 SIC 准则自动确定。

从面板数据协整检验结果可知，除 Panel ADF—Statistic 和 Panel v—Statistic 统计之外，其他统计量都在 5% 的显著性水平下拒绝了无协整关系的原假设，表明产业国际竞争力与标准化水平、标准对外开放水平、外资参与标准化水平、资本密集度、企业规模、研发投入强度、研发人力强度之间存在长期的稳定关系。

5. 面板数据回归分析

进行面板数据回归分析之前，我们要确定回归分析是采用固定效应模型还是随机效应模型。通常的检验方法有两种，一种是似然比检验（LR 检验），该检验假设固定效应是多余的；另一种是 Hausman 检验，该检验假设随机效应与解释变量无关，检验结果见表 6.18。

表 6.18　模型检验结果

随机效应检验（Hausman 检验）			
Test Summary	Chi-Sq. Statistic	Chi-Sq. d. f.	Prob.
Cross—section random	17.784 908	7	0.013 0
固定效应检验（LR 检验）			
Effects Test	Statistic	d. f.	Prob.
Cross—section F	115.662 187	(9 103)	0.000 0
Cross—section Chi—square	288.902 633	9	0.000 0

　　从模型检验结果可知，Hausman 检验拒绝了原假设，认为采用随机效应模型是不合适的，而 LR 检验也拒绝了原假设，认为引入固定效应是合适的。因此，两种检验方法都认为应该采用固定效应模型。

　　经过验证，我们接着采用固定影响模型来对面板数据进行回归分析，回归分析的最佳模型和检验结果见表 6.19。

$$RCA_{it} = -2.833\,153 + 0.502\,335\ln(K/L)_{it} + 0.311\,363\ln AS_{it} + 0.214\,819RD_{it}$$
$$- 0.083\,381TP_{it} + 1.183\,772\ln STD_{it} - 0.464\,347\ln INTEL_{it}$$
$$- 0.363\,047\ln INTEL_{it}(-1) + 0.048\,875\ln INTEL_{it}(-2)$$
$$+ 0.092\,070\ln WZ_{it}(-2) + \varepsilon_{it} \tag{6.16}$$

表 6.19　面板数据回归分析结果

	系　数	T 统计	P 值	行　业	行业截距项
C	-2.832 026	-3.217 305	0.001 9***	食品制造	-1.620 566
$\ln(K/L)$	0.486 497	1.732 985	0.087 0*	服装纺织	1.503 821
$\ln AS$	0.317 113	1.582 601	0.117 5	木　材	-0.092 821
RD	0.213 783	3.093 891	0.002 7***	造　纸	-0.641 449
TP	-0.082 180	-3.163 084	0.002 2***	化　工	-1.285 572
$\ln STD$	1.078 533	2.192 797	0.031 2**	橡胶塑料	-0.655 504
$\ln STD(-1)$	0.105 614	0.262 402	0.793 7	金属制品	-0.146 854
$Ln\,INTEL$	-0.451 067	-2.713 321	0.008 2***	电气工程	0.314 046

续表

	系　　数	T 统计	P 值	行　　业	行业截距项
ln INTEL(−1)	−0.372 375	−2.253 703	0.027 0**	电子电信	0.436 229
ln INTEL(−2)	0.042 873	0.403 541	0.687 6	办公机械	2.188 671
ln WZ	0.093 673	1.704 515	0.092 2*		
R^2	0.987 984	调整 R^2	0.985 130	F 统计量	346.193 0***

从面板数据回归分析结果可知,模型 R^2 值和调整后的 R^2 值都很高,F 统计量的值也很大,而且远远超过了临界值,这些都充分说明模型的拟合程度很高。其次,除了 ln AS、ln STD(−1)、ln INTEL(−2)没有通过显著性检验外,其他变量都在 10% 的水平下通过了显著性检验。再者,各变量系数除了截距项 C、TP、ln INTEL、ln INTEL(−1)是负数以外,其余各变量的系数都是正数。最后,各行业因性质不同截距项值存在较大差异。

6.4.3 实证结论分析

(1) 行业标准化水平的高低对产业国际竞争力的提升具有显著的正向影响,即行业标准化水平越高,对产业国际竞争力的提升越有利。从上述回归分析结果可知,当期的标准存量对产业国际竞争力的影响系数为 1.078 533,滞后一期的标准存量对产业国际竞争力的影响系数为 0.105 614,虽然后者没能通过显著性检验,但是这也在一定程度上说明当期技术标准数量的增加不仅有助于提升当期的产业国际竞争力,而且先前累积的标准存量也对当期的产业国际竞争力的提升存在一定的正向影响。可见,行业标准化水平的提升或者标准存量的增加对产业国际竞争力的提升存在短期效应的同时也具有一定的长远效应,而且这种效应是正向的。

(2) 标准对外开放水平的高低对产业国际竞争力的提升存在正向影响但有一定的时滞效应。从上述回归分析结果可知,行业中国家标准的当期采标存量和滞后一期的采标存量对产业国际竞争力存在显著的负向影响,影响系数分别为－0.451 067 和－0.372 375,但是滞后两期的采标存量对产业国际竞争力却存在正向影响,影响系数为 0.042 873。可见,提高标准对外开放水平或者增加采标存量对产业国际竞争力的提升虽然对当期或者短期内存在不利影响,但是从长远看,这对产业国际竞争力的提升却是有利的。其中的原因可能是采纳新的国际标准或者国外先进技术标准存在一定的转换成本,但是长远看来,与国际标准接轨有利于提升产品质量,使产品可以进入国际市场。

(3) 外资参与标准化水平的高低对我国产业国际竞争力的提升具有显著的正向影响,即外资参与中国标准化水平越高,对我国产业国际竞争力的提升越有利。从上述回归分析结果可知,外资参与的标准存量对产业国际竞争力存在显著的正向影响,其影响系数达到 0.093 673。可见,外资参与到中国的标准化建设工作中来对我国产业国际竞争力的提升存在一定的贡献。

(4) 资本密集度的高低对产业国际竞争力的提升具有显著的正向影响,表明一个行业资本资源越充裕对产业国际竞争力的提升越有利;企业规模的大小对产业国际竞争力的提升存在正向影响,这在一定程度上表明规模经济有助于提升产业国际竞争力;研发投入强度对产业国际竞争力的提升有显著的正向影响,而研发人力强度对产业国际竞争力的提升存在显著的负向影响,这说明技术创新对产业国际竞争力的提升作用主要是通过投入研发资金而实现的,对研发人数的投入并不是越多越好,或者说这些行业对研发人力的投入超过了其本身的需求。可见,提高产业国际竞争力各行业应该不断积累资本资源、扩大企业规模、增加研发资金投入、适当地投入研发人数。

第 7 章
研究结论与政策建议

7.1　研究结论

本书研究从理论研究和实证研究两个方面展开,理论研究包括标准竞争优势的作用机制、形成机理,实证研究包括跨国公司参与中国标准化、中国标准国际化,以及中国标准竞争优势与对外贸易、投资发展、国际竞争力的关系。基本研究结论包括以下几个方面。

7.1.1　标准竞争优势已是国际竞争的重要基础

标准竞争是社会生产力和市场发展到一定阶段的历史产物,当前已成为国际市场竞争的重要内容。

在社会生产力水平不高、产品供不应求的阶段,市场竞争是在一个消费者需求得不到满足的环境下存在的,其焦点在于尽可能地多获得生产资源和要素,迅速形成、扩大生产能力,谁能获得更多的资源、最快地扩大产能供应市场,谁就能获得市场、赢得竞争。随着科学技术的发展和社会生产力水平的提高,产品供过于求逐渐成为市场经济的常态,消费者不再是需求得不到满足,而是要在具有相同功能或者类似功能的多种替代性产品之间进行选择,生产商也因技术水平的提高而不再直接受到资源禀赋和生产要素的约束,市场竞争的焦点转换成为如何能在众多产品中脱颖而出获得消费者的青睐。在这种环境下,能否提供差异化的产品就成为赢得竞争的关键,而价格、品牌、服务、技术等就成为重要的竞争手段。

然而,随着科学技术的进一步发展,技术复杂程度、分工精细化程度以及生产组织和资源动员能力不断提高,整个市场充盈着无限的资源、技术和产品,厂商之间的竞争从对生产资源和生产要素的争夺发展到对游戏规则的决定权的争夺,单个产品之间的差异化竞争也逐步演变成所在行业和市场的标准竞争,控制或影响各个层面标准的制修订成为市场竞争新的焦点。国际市场竞争也从资源禀赋、技术差异、市场规模、消费文化的竞争发展到国内标准、区域标准和国际标准的竞争,在标准竞争中获得并保持优势是一个国家(地区)在国际市场竞争中获取更大胜利、分配更多利益的重要基础。

7.1.2 标准竞争优势已成为对外贸易和对外投资的新基础

传统的对外贸易是基于资源禀赋、生产效率和技术水平的差异,或者获得规模经济速度的差异而形成的比较优势;对外投资则是基于垄断优势、内部化优势、区位优势、规模优势等进入其他国家(地区)的市场,以获得更多的生产资源和要素,争取更大的市场规模。这些理论暗含着一个假定,就是资源相对稀缺,厂商要做的就是尽可能多地在国际市场上获取资源,整合比较优势。作为国际贸易和国际投资的基础,国际分工也已从基于要素禀赋和技术差异的产业间分工,逐步发展成为基于规模经济和不完全竞争市场的产业内分工和产品内分工。跨国公司作为国际分工的具体执行者,也正是基于全球不同市场的比较优势来组织研发、生产和加工。如何整合分布于全球各地的比较优势,使其成为自身优势,是跨国公司乃至其母国对外贸易和对外投资最为重要的战略,而标准则已成为其治理全球研发、生产和营销网络的重要工具。标准竞争优势已成为继资源禀赋、生产效率和规模经济等传统比较优势之后,对外贸易和对外投资新的基础。

标准竞争优势是指在国际标准竞争中,参与竞争的国家、企业或其他相关主体挤出竞争对手的标准,将自己主导制定的标准演变成国际标准,或者市场上广为接受的事实标准,从而取得标准竞争胜利的一种状态。它可以产生集聚生产要素、减少市场竞争、强化国际治理的重要作用。标准竞争优势能够帮助一个国家(地区)更好地对外贸易和对外投资,对外贸易和对外投资规模的扩大也能强化其标准竞争优势。一个国家(地区)的标准化水平,包括国内标准化水平和国际标准化水平,对其对外贸易、投资的规模、结构和效益有着重要的影响。国内标准化水平越高,国际标准参与和影响程度越高,对外贸易和投资规模越大,越处于国际分工的高价值阶段。一个国家(地区)掌握了国际标准制定、实施的主动权,也就掌握着国际贸易和国际分工价值分配的主动权。

7.1.3　大国效应使发展中大国也能赢得国际标准竞争

先进的技术水平和坚实的市场基础是赢得标准竞争的两个重要条件。相关利益主体在不断提高技术水平的同时,通过控制预期、渗透定价等各种方法来扩大市场基础。发达国家在这两个方面都具有很强的优势,这给发展中国家在国际市场赢得标准竞争的优势设置了很大的障碍。

但是,在市场基础达到一定程度的情况下,技术相对落后的国家(地区)也可以赢得国际标准竞争。以中国为代表的发展中大国,一方面拥有国内规模巨大的消费者市场,另一方面又是国际市场重要的供应者,这就使得发展中大国可以在国际标准竞争中充分运用其大国地位,形成国际标准竞争的大国效应。发展中大国一方面通过统一其国内标准构建巨大的国内消费市场,另一方面通过对外贸易和对外投资来扩大其国内标准的市场基础,就能争取到赢得国际标准竞争的机会。

同时,随着发展中国家技术水平的整体提高、技术人才的迅速增加,特别是对创新产品的市场需求的扩大,发达国家越来越多地将其与发展中国家的分工合作从简单的生产分工逐步提升为研发分工和产品设计模块分工,这为发展中国家通过标准竞争来提升国际分工利益分配能力提供了新的渠道和机会。发展中国家的企业基于其生产成本的优势,逐步积累起某一个或者某几个关键技术的优势,并逐步参与发达国家客户的模块与技术规则的设计,扩展和提升自身在国际分工中的价值区段,从而争取更多国际标准竞争的主动权,最终获得国际标准竞争的优势。

7.1.4　跨国公司通过标准参与将其技术和市场优势在东道国延伸

跨国公司有一种"本地化"的新趋势,不仅越来越多地采用东道国当地的原材料,聘用当地的生产、技术和管理人员,还越来越多地参与到东道国的本地事务当中。跨国公司基于其技术优势,不仅在国际市场积极影响、控制标准的制定,还广泛参与东道国的标准化活动,试图通过各种渠道来将其技术优势渗透进东道国的国内标准,以期实现对东道国更深层次的市场、技术、政策的影响乃至控制。在中国市场,除了"航空器和航天器工程"和"军事工程"之外,其他领域的标准都或多或少地有跨国公司的参与。通过这种途径,跨国公司的标准竞争优势在东道国国内市场进一步蔓延,而标准竞争优势又进一步将其技术和市场优势在东道国深化。

跨国公司参与中国国内标准化,对于提升中国标准化过程的国际化程度、促进国内标准化进程、增强标准化过程的透明度和市场化程度等方面有着积极的影响,但同时也可能从市场、技术、政策等方面威胁到国内的产业安全,而且这远比简单地控制某一个技术或产品对东道国产业安全的影响更大、更深远。

7.1.5　中国已有一定的标准竞争优势并已成为扩大对外贸易与投资的重要因素

中国近几年从"引进来"和"走出去"两个方面积极参与国际标准竞争。在"引进来"的工作中,提高国内标准的采标率,更大规模地采用国际标准和国外先进标准,吸收跨国公司、国际标准机构和国际标准专业人员进入国内标准技术委员会,参与国内标准制定及相关事务,大幅度提升国内标准与国际标准的一体化程度。

在"走出去"的工作中,鼓励国内企业和标准组织积极参与 ISO、ITU、IEC 等国际标准组织的活动,提交国际标准提案,参与国际标准的制定,通过对外贸易和对外工程承包推动中国标准进入国际市场,等等。这些都大幅度地提升了中国的标准竞争优势,为中国在国际市场上的贸易、投资提供了全新的系统的竞争优势。

实证检验证明,国内标准化水平的提升,能够显著地扩大对外贸易规模,推动对外直接投资,提升我国产业的国际竞争力,特别是从我国标准的国际化程度和长期检验来看,这些效用更加明显。这说明,标准竞争优势已是影响我国国际市场竞争的重要因素。但是,实证检验的结果也显示,国内标准化水平对于吸引外资的作用不突出,这说明跨国公司存在着矛盾心理,一方面希望其技术和标准优势在中国得到体现,另一方面也希望借助中国市场与国际市场的差异来谋取更大的利益。

7.2　政策建议

标准竞争优势既然已经成为一个国家(地区)发展对外贸易和对外投资、赢得国际市场竞争新的基础,政策上就应该发展以标准竞争优势为基础的对外贸易和对外投资战略。特别是在我国从贸易投资大国向贸易投资强国转型的过程中,更应该积极推动以标准竞争优势为基础的对外战略。这个战略要求在我国的对外贸易和对外投资活动中,更积极地运用和形成标准竞争优势,以标准竞争优势来提升我国的对外贸易和对外投资的质量。

实施以标准竞争优势为基础的对外贸易和对外投资战略,关键在于积极推动标准竞争优势的形成、运用和维护,争取国际标准竞争的主动权和话语权。因此,相关政策就包括三个方面:如何推动标准竞争优势的形成? 如何推动标准竞争优势在国际贸易、投资中的运用? 如何维护并长期拥有标准竞争优势? 基于我国的实际情况,特别是基于我国国内巨大的消费需求和国际市场巨大的供应能力而形成的大国优势,应该战略性地推动标准建设、实施,构建在国际市场上新的标准竞争优势。

具体来说,包括以下三个方面。

7.2.1　标准竞争优势的战略性形成政策

标准竞争优势的基础是先进技术和市场规模,因此,提供比竞争对手更高水平的技术、更大规模的市场基础就是赢得标准竞争的前提条件。然而,作为一个发展中国家,中国不可能在所有技术领域都处于领先水平,无法提供普遍性的标准竞争优势的技术基础。

1. 从技术层面来看,就存在着一个选择问题,让哪些技术更快地占领国际标准高地,哪些技术处于跟踪培养阶段,哪些技术只能着眼于长远的发展和竞争,需要有战略性的选择。

已经处于国际先进水平的技术领域需要尽快地将技术优势转化为标准优势,在技术研发的同时制定、衍生出国际标准,不仅要把握住技术发展的前沿,还要牢牢把握住产业链发展的高端。具有战略意义的技术领域要密切关注相关技术的世界发展动态,找准战略性切入点,尽快形成具有中国技术基础的标准体系,如节能环保、新一代信息技术、生物、高端装备制造、新能源、新材料、新能源汽车等战略性新兴产业。

需要跟踪培养的技术领域是虽没有处于技术前沿但并不落后的技术领域,如工程机械行业、信息技术行业。这些领域的技术中国在整体上不占优势,但有赶上或者超越的基础。在与国外厂商竞争、合作的过程中,密切关注技术发展动态,利用设计模块化分工、同步开发等平台和机会,找到合适的契合点,逐渐嵌入并攀升在国际价值链中的位置。

需要着眼于长远发展的技术领域主要是那些处于相对落后而目前又没有很强战略意义的技术领域。在技术和标准资源有限的情况下,应减少在这些领域的资源配置,不求短期内有怎样的突破。

2. 从市场层面来看,要加强标准的商业化运行,扩大标准的市场基础,特别是那些技术水平不占优势的标准,要用更强大的市场基础来夯实其竞争优势。市场基础的扩大,需要国内、国外两个市场同时抓。

国内市场要强化的是市场的统一,加强部门和地方标准之间的沟通,减少或避免因部门利益和地方利益造成的市场分割。在不能取消各省制定地方标准之前,可以考虑要求需要进入全国市场的产品在制定地方标准之前,先核实其他地方已经发布的相同产品的标准,避免出现矛盾之处。同时引入地方标准互认制度,各省发布的地方标准只要不与国家标准、技术法规相违背,就相互承认、相互接受。

国际市场中,大力推进对外经济活动中的标准战略。在实施"走出去"大战略的过程中,积极鼓励标准的输出。鼓励按照中国标准生产的产品出口,鼓励按照中国标准设计、施工的对外投资和工程承包。在对外贸易、对外投资、工程承包的考核和财政补贴体系中引入"是否带动中国标准走出去"选项。在对外援助中,对能够认同、接受中国标准的受援国家,给予政策、资金与项目上的倾斜。推动"中国标准"与"中国设计"、"中国生产"和"中国资本"的深度融合,全面带动中国产品与服务的整体出口。

7.2.2 标准竞争优势的战略性运用政策

1. 实施战略性标准化政策,强化标准引领市场发展、提升国际竞争能力的作用。首先是将标准政策提升到与财政政策、货币政策、产业规划等经济调控手段平行的高度,强化其引导产业和技术发展的巨大作用。其次是选择拥有国际竞争优势的产业和外部性强的产业,率先突破标准瓶颈,以国家之力推进其标准制修订和国际化的力度,形成中国标准走出去的坚实基础。最后是要在国内市场和国际市场营造使用中国标准的氛围,树立中国标准的国家形象,让国内外民众普遍知晓、认同、接受中国标准。

2. 推进标准化的系统建设,提高标准的全产业链覆盖比率。在制修订标准计划中,优先安排和鼓励"标准族"项目,围绕优势产业和优势技术,针对整个产业链来制定标准,在企业之间建立战略合作伙伴关系,形成标准输出的"联合舰队",共同进入国际市场。

3. 提升中国标准的国际化能力。一方面,在制修订具体标准时,尽量与国际标准相衔接,采用国际市场认可的方式进行表述,提供多种国际语言版本;另一方面,大力推动国内标准化专业人员进入国际标准化机构和平台,有效管理跨国公司、国际标准化机构的专业人员参与国内标准化活动,打通标准制修订的国内外信息传递和交流通道。

4. 实施人海战术,占领国际标准机构。在全国范围内培养、选拔标准化综合性专业人才,推荐其进入 ISO、IEC、IEEE 以及其他国际标准化机构、标准化教育机构担任领导职务和办事人员。不仅在制定标准过程中发出中国的声音,还要在与标准相关的一切事务和活动中出现中国的形象与声音。直接参与制定有利于本国的国际游戏规则,谋求中国在国际标准舞台上的话语权,扩大中国对国际标准化的影响。

7.2.3 标准竞争优势的战略性维护政策

标准化过程的国际化,包括国内主体参与国际标准化活动和国外因素参与国内标准化过程,是一个不可逆转也不可避免的趋势。不能因为跨国公司的积极影响而完全放弃中国标准化管理的独立自主性,任由国外因素的渗透,也不能因为跨国公司在中国标准化中可能产生的消极影响而完全拒绝跨国公司的参与。需要正确地引导和管理标准化的国际合作,将我的国情、优势和跨国公司的优势进行有机的结合,发挥出标准化对经济社会建设最大的作用。

1. 明确外资企业参与中国标准化的界限。我国的标准分为强制性标准和推荐性标准,强制性标准在性质上近似于 WTO/TBT 中所说的技术法规。所以,应该明确规定,强制性标准的制定和颁布要限制甚至不允许外资企业和跨国公司的介入,而推荐性标准的制定过程中允许跨国公司参与,但也要对其参与的形式、范围和程度等进行相应的规范。比如，按照欧洲标准化委员会（CEN）的做法，欢迎所有利益相关者参与标准的制定，但来自非 CEN 成员的标准化组织只能作为观察员，他们可以发表意见，但其意见是否被采纳，决定权在 CEN。这样的做法既能吸收跨国公司对中国标准化的有益信息，也能确保国内标准化制定和实施过程中的自主权和国内产业发展的安全。

2. 构建开放条件下政府标准化管理模式。协调标准制定中不同利益相关方的利益诉求，扩大标准化技术委员会、技术联盟、产业联盟、研究机构等市场力量在标准制定和实施中的比重，给予协会标准、联盟标准以合法地位。设立中国标准化国际专家委员会等机构，欢迎跨国公司、国际标准化机构、国外专家等作为正常的利益相关方参加标准联盟等组织，正确引导其发表合理的意见和建议。

3. 设立标准化领域的国家安全监督机制。在国家外向型经济监测指标体系中，设置标准化内容。在国家标准审查过程中，加大对有外资企业参与的标准的审查力度。在国家安全监管部门，设立标准化监管机制。针对标准化全过程进行监督，特别是在涉及重要技术和产品的时候，对其标准化技术委员会、标准化论坛等，特别是一些国外人员参与比较多的标准化活动，如前述烟花爆竹（ISO/TC264）和起重机（ISO/TC96）两个国际标准化组织技术委员会，派入安全部门人员，监督其技术讨论和标准制定的过程。

4. 将标准制定与产业安全结合起来。美欧等发达国家都极为重视标准化工作，并大肆设置技术性贸易壁垒，实行贸易保护主义，我国也应从保护国内产业安全的角度，在制定国家标准的过程中，与对外贸易的实际情况密切结合，构筑适合我国进出口状况的技术性贸易壁垒体系。

参 考 文 献

Akerlof, G., "The Market for Lemons", *Quarterly Journal of Economics*, 1970, 3:488—500.

Allen, R.H., Sriram, R.D., "The Role of Standards in Innovation", *Technological Forecasting and Social Change*, 2000, 2:171—181.

Andreff, W., "The New Multinational Corporations from Transition Countries", *Economic Systems*, 2002, 26:371—379.

Antonelli, C., "Localized Technological Change and the Evolution of Standards as Economic Institution", *Information Economics and Policy*, 1994, 6:195—216.

Arthur, W.B., "Competing Technologies, Increasing Returns, and Lock-in by Historical Events", *Economic Journal*, 1989, 99(394):116—131.

Asiedu, E., "On the Determinants of Foreign Direct Investment to Developing Countries: Is Africa Different?" *World Development*, 2002, 30:107—119.

Auriol, E., and Benaim, M., "Standardization in Decentralized Economies", *American Economic Review*, 2000, 90:550—570.

Baake, P., and Boom, A., "Vertical Product Differentiation, Network Externalities, and Compatibility Decisions", *International Journal of Industrial Organization*, 2001, 1:267—284.

Bach, D., Newman, A., and Weber, S., "The International Implications of China's Fledgling Regulatory State: From Product Maker to Rule Maker", *New Political Economy*, 2006, 11:499—518.

Bailetti, A.J., and Callahan, J.R., "Managing Consistency between Product Develop ment and Public Standards Evolution", *Research Policy*, 1995, 24:913—931.

Bernard, A.B., Eaton, J., Jensen, J.B., and Kortum, S., "Plants and Productivity in International Trade", *the American Economist*, 2003, 93:1268—1290.

Besen, S.M., and Farrell, J., "Choosing How to Compete: Strategies and Tactics in Standardization", *Journal of Economic Perspectives*, 1994, 8:117—131.

Blind, K., and Thumm, N., "Interrelation between Patenting and Standardization Strategies: Empirical Evidence and Policy Implications", *Research Policy*, 2004, 10:1583—1598.

Boom, A., "Asymmetric International Minimum Quality Standards and Vertical Dif ferentiation", *Journal of Industrial Economics*, 1995, 43:101—119.

Choi, J.P., and Thum, M., "Market Structure and the Timing of Technology Adop tion with Network Externalities", *European Economic Review*, 1998, 2: 225—244.

Church, J., and Gandal, N., "Network Effects, Software Provision and Standardiza tion", *Journal of Industrial Economics*, 1992, 40(1):85—104.

Cowan, R.A., "Nuclear Power Reactors: a Study in Technological Lock in", *Journal of Economic History*, 1990, 50:541—567.

Das, S., and Donnenfeld, S., "Oligopolistic Competition and International Trade: Quantity and Quality Restrictions", *Journal of International Economics*, 1989, 27:299—318.

David, P.A., and Greenstein, A.S., "The Economics of Compatibility Standards: an Introduction to Recent Research", *Economics of Innovation and New Technolo gy*, 1990, 1:3—41.

David, P.A., "Clio and the Economics of QWERTY", *American Economic Review Proceedings*, 1985, 2:332—336.

David, P.A. and Rothwell, G., "Standardization, Diversity and Learning: Strategies for the Coevolution of Technology and Industrial Capacity", *International Journal of Industrial Organization*, 1996, 2:181—201.

De Vries, H. J., *Standardization: A Business Approach to the Role of National Standardization Organizations*, Boston, Dordrecht, London: Kluwer Academic Publishers, 1999.

Dosi, G., "Technological Paradigms and Technological Trajectories: A Suggested Interpretation of the Determinants and Directions of Technical Change", *Research Policy*, 1982, 12:147—162.

Economides, N., "The Economics of Networks", *International Journal of Industrial Organization*, 1996, 14:673—699.

Farrell, J., Shapiro, C., "Dynamic Competition with Switching Costs", *RAND Journal of Economics*, 1988, 19:123—137.

Farrell, J., Shapiro, C., "Horizontal Mergers: An Equilibrium Analysis", *American Economic Review*, 1990, 80:107—126.

Farrell, J., Saloner, G., "Installed Base and Compatibility: Innovation, Product Preannouncement, and Predation", *American Economic Review*, 1986, 76:940—955.

Feestra, R.C. and Hanson, G.H., "The Impact of Outsourcing and High Technology Capital Wages: Estimates for the U.S.A., 1979—1990", *Quarterly Journal of Economics*, 1999, 8:907—940.

Fisher, R., and Serra, P., "Standards and Protection", *Journal of International Economics*, 2000, 2:377—400.

Funk, J. L., "Standards, Dominant Designs and Preferential Acquisition of Complementary Assets through Slight Information Advantages", *Research Policy*, 2003, 8:1325—1341.

Fung, K.C., Hitomi Iizaka and Stephen Parker, "Determinants of U.S. and Japanese Direct Investment in China", *Journal of Comparative Economics*, 2002, 30:567—578.

Gandal, N., "Compatibility, Standardization, and Network Effects: Some Policy Implications", *Oxford Review of Economic Policy*, 2002, 1:80—91.

Gregory Tassey, "Standardization in Technology-based Markets", *Research Policy*, 2000, 29:587—602.

Grossman, G. and Helpman, E., "Integration versus Outsourcing in Industry Equilibrium", *Quarterly Journal of Economics*, 2002, 117:85—120.

Hayek, F. A., "The Use of Knowledge in Society", *American Economic Review*, 1945, 4:519—530.

Jones, P. and Hudson, J., "Standardization and the Costs of Assessing Quality", *European Journal of Political Economy*, 1996, 2:355—361.

Junjun Hou and Zheng Liang, "MNC's participation in Chinese Standardization", *Asia-Pacific Tech Monitor*, 2012, 1:25—31.

Katz, M.L. and Shapiro, C., "Network Externalities, Competition and Compatibilities", *American Economic Review*, 1985, 75:424—440.

Kindleberger, C. P., "Standards as Public, Collective and Private Goods", *KYKLOS*, 1983, 36:377—396.

Krechmer, K., "The Fundamental Nature of Standards: Technical Perspective", *IEEE Communications Magazine*, 2000, 6:70—85.

Kumar, N., "Determinants of Export Orientation of Foreign Production by US Multinationals: An Inter-Country Analysis", *Journal of International Business*, 1994, 25:141—156.

Leonard, K., Cheng, Yum, and Kwan, K., "What are the Determinants of the Location of Foreign Direct Investment? The Chinese Experience", *Journal of International Economics*, 2000, 51:379—400.

Link, Albert, "Market Structure and Voluntary Product Standards", *Applied Economics*, 1983, 15:393—401.

Metcalfe, J. S. and Miles, I., "Standards, Selection and Variety: An Evolutionary

Approach", *Information Economics and Policy*, 1994, 6:243—268.

Mueller, J., "Patent Misuse through the Capture of Industry Standards", *Berkley Technical Law Journal*, 2002, 2:623.

Peter, Grindley, StandardsStrategy and Policy: Cases and Stories, Oxford University Press, 1995:20—44.

Qian Sun, Wilson Tong and Qiao Yu, "Determinants of Foreign Direct Investment across China", *Journal of International Money and Finance*, 2002, 21: 79—113.

Swann, G.M., Temple, P. and Shurmer, M., "Standards and Trade Performance: The British Experience", *Economic Journal*, 1996, 106:1297—1313.

Wei, S.J., "How Taxing is Corruption on International Investors?" *Review of Economics and Statistics*, 2000, 82:1—11.

Woodland, A.D, "Joint Outputs, Intermediate Inputs and International Trade Theory", *International Economic Review*, 1977, 10:517—533.

安佰生:《WTO 与国家标准化战略》,中国商务出版社 2005 年版。

曾德明、彭盾:《技术标准引致的产业创新集群效应分析》,《科研管理》2008 年第 29 卷第 2 期。

曾铮、张亚斌:《价值链的经济学分析及其政策借鉴》,《中国工业经济》2005 年第 5 期。

陈国宏、郭弢:《我国 FDI、知识产权保护与自主创新能力关系实证研究》,《中国工业经济》2008 年第 4 期。

陈淑梅:《欧洲经济一体化背景下的技术标准化》,东南大学出版社 2005 年版。

陈雪彬、余辰俊、孙婧芳:《中国国际资本流入的影响因素实证分析》,《国际金融研究》2007 年第 12 期。

程鉴冰:《最低质量标准政府规制研究》,《中国工业经济》2008 年第 2 期。

邓伟、征兵云:《外商在中西部直接投资的区位选择——以安徽省为例的实证研究》,《华东经济管理》2004 年第 3 期。

邓洲:《中国企业技术标准战略研究》,《南京大学学报》2010 年第 2 期。

段琼、姜太平:《环境标准对国际贸易竞争力的影响——中国工业部门的实证分析》,《国际贸易问题》2002 年第 12 期。

冯宗宪、柯大钢:《开放经济条件下的国际贸易壁垒》,经济科学出版社 2000 年版。

弗里德里克·泰勒:《科学管理原理》,上海科学技术出版社 1982 年版。

耿乃国:《信息通信技术产业标准竞争与合作研究——基于网络效应的视角》,中国社会科学出版社 2010 年版。

龚艳萍、周亚杰:《技术标准对产业国际竞争力的影响——基于中国电子信息产业的实证分析》,《国际经贸探索》2008 年第 4 期。

郭力生:《标准化与国际贸易》,《中国标准化》2002 年第 2 期。

韩青:《中国的价格贸易条件恶化——基于影响因素的经验分析》,《世界经济研究》2007 年第 10 期。

何予平、秦海菁:《全球化中的技术垄断与技术扩散》,科学出版社 2009 年版。

胡培战:《基于生命周期理论的我国技术标准战略研究》,《国际贸易问题》2006 年第 2 期。

胡晓鹏:《价值系统的模块化与价值转移》,《中国工业经济》2004 年第 11 期。

金雪军:《提高国际竞争力的技术标准体系战略研究》,浙江大学出版社 2006 年版。

卡尔·夏皮罗、哈尔·瓦里安:《信息规则——网络经济的策略指导》,中国人民大学出版社 2000 年版。

克努特·布林德:《标准经济学——理论、证据与政策》,高鹤译,中国标准出版社 2006 年版。

邝兵:《标准化战略的理论与实践研究》,武汉大学出版社 2011 年版。

李传荣:《基于网络效应的我国企业技术标准竞争策略分析》,《技术经济》2008 年第 8 期。

李春田:《标准化在市场经济发展中的作用——标准化与经济全球化》,《上海标准化》2003 年第 10 期。

李海舰、原磊:《基于价值链层面的利润转移研究》,《中国工业经济》2005年第6期。

李薇:《技术标准联盟的组织模式与效率研究》,《科技与经济》2011年第6期。

李杏、M.W.Luke Chan:《外商直接投资及其影响因素——来自中国地域的面板因果关系分析》,《统计研究》2009年第8期。

李准晔:《中国各区域对外贸易的决定因素分析》,《经济研究》2005年第8期。

林丽、张素芳:《1994—2002年中国贸易条件的实证研究》,《国际贸易问题》2005年第11期。

刘春青、薛学通:《企业标准化与贸易》,中国计量出版社2007年第7期。

刘建丽:《中国制造业企业海外市场进入模式选择》,经济管理出版社2009年版。

刘庆林:《基于网络外部性的产品扩散模型分析》,《中国工业经济》2004年第4期。

刘振刚:《技术创新、技术标准与经济发展》,中国标准出版社2005年版。

刘志彪、刘晓昶:《垂直专业化:经济全球化中的贸易和生产模式》,《经济理论与经济管理》2001年第10期。

卢锋:《产品内分工》,《经济学季刊》2004年第1期。

卢进勇:《"走出去"战略与中国跨国公司崛起》,首都经济贸易大学出版社2012年版。

鲁文龙、陈宏民:《网络外部性与我国第三代移动通讯标准竞争》,《管理工程学报》2004年第4期。

陆芳:《欧洲跨国公司技术标准联盟与欧洲经济一体化》,《科技管理研究》2009年第3期。

罗珉、何长见:《组织间关系:界面规则与治理机制》,《中国工业经济》2006年第6期。

罗知:《中国FDI流入的决定因素:基于国际面板数据的实证研究》,《南方经济》2009年第1期。

骆品亮、殷华祥:《标准竞争的主导性预期与联盟及福利效应分析》,《管理科学学报》2009年第6期。

吕铁:《论技术标准化与产业标准战略》,《中国工业经济》2005 年第 7 期。

迈克尔·波特:《国家竞争优势》,李明轩、邱如美译,华夏出版社 2002 年版。

毛丰付:《标准竞争与竞争政策》,上海三联书店 2007 年版。

裴长洪:《寻求新的突破——我国"十一五"期间的对外贸易》,《国际贸易》2005 年第
　　4 期。

钱春海、郑学信:《网络外部性、专用性资产与网络市场竞争的经济学分析——以
　　中国移动产业为例》,《中国软科学》2003 年第 9 期。

乔治·泰奇:《研究与开发政策的经济学》,苏竣、柏杰译,清华大学出版社 2002
　　年版。

青木昌彦、安藤晴彦:《模块时代:新产业结构的本质》,周国荣译,上海远东出版社
　　2003 年版。

裘涵:《技术标准化研究新论》,上海交通大学出版社 2011 年版。

沈坤荣、田源:《人力资本与外商直接投资的区位选择》,《管理世界》2002 年第
　　11 期。

盛斌、廖明中:《中国的贸易流量与出口潜力:引力模型的研究》,《世界经济》2004
　　年第 2 期。

宋明顺:《WTO〈贸易技术壁垒协议〉规则、实践及对策》,中国计量出版社 2002
　　版。

苏竣、杜敏:《AVS 技术标准制定过程中的政府与市场"双失灵"》,《中国软科学》
　　2006 年第 6 期。

孙东升:《技术性贸易壁垒与农产品贸易》,中国农业科学技术出版社 2006 年版。

谭劲松、林润辉:《TD—SCDMA 与电信行业标准竞争的战略选择管理世界》2006
　　年第 6 期。

田文:《产品内贸易论》,经济科学出版社 2006 年版。

童时中:《模块化原理设计方法及应用》,中国标准出版社 2000 年版。

汪森军、励斌:《网络外部性,竞争和产品差异化》,《经济学》2003 年第 2 期。

汪雄剑:《具有网络效应的产品的价格竞争分析》,《数量经济技术经济研究》2005

年第 9 期。

王健、梁正：《从 WAPI 看全球科技治理时代标准设定》，《科学学研究》2008 年第
　　2 期。

王仁曾：《产业国际竞争力决定因素的实证研究——进展、困难、模型及对中国制
　　造业截面数据的估计与检验》，《统计研究》2002 年第 4 期。

王耀中、侯俊军：《论技术性贸易壁垒的消费效应》，《南方经济》2005 年第 2 期。

王耀中、陈文娟：《行业标准与中国机械行业进出口贸易——基于 1985—2005 年
　　数据的协整分析和 Granger 因果检验》，《国际贸易问题》2009 年第 3 期。

王志乐：《2012 走向世界的中国跨国公司》，中国经济出版社 2012 年版。

闻中、陈剑：《网络效应，市场结构和进入壁垒》，《系统工程理论与实践》2002 年第
　　2 期。

翁轶丛、陈宏民：《基于网络外部性的技术标准控制策略与企业兼并》，《系统工程
　　理论方法应用》2001 年第 3 期。

吴林海：《贸易与技术标准国际化》，经济管理出版社 2004 年版。

夏大慰、熊红星：《网络效应，消费偏好与标准竞争》，《中国工业经济》2005 年第
　　5 期。

肖文、林高榜：《产业集聚与外商直接投资区位选择——基于长三角地区经济发展
　　的视角》，《国际贸易问题》2008 年第 7 期。

熊红星：《网络效应、标准竞争与公共政策》，上海财经大学出版社 2006 年版。

徐康宁、陈建：《跨国公司价值链的区位选择及其决定因素》，《经济研究》2008 年
　　第 3 期。

许陈生、夏洪胜：《中国外商直接投资的进入模式——对独资倾向影响因素的研
　　究》，《财经研究》2004 年第 10 期。

许和连、赖明勇、钱晓英：《外商直接投资影响因素的偏最小二乘回归建模分析》，
　　《中国管理科学》2002 年第 5 期。

闫涛：《不同阶段下企业技术标准竞争战略研究》，《世界标准化与质量管理》2008
　　年第 10 期。

杨锋、王金玉:《主要发达国家制定和实施标准化战略的经验》,《标准科学》2011
　　年第 1 期。

杨海余:《中国出口增长贡献主体替代研究》,中国社会科学出版社 2007 年版。

杨清:《中国跨国公司成长研究》,人民出版社 2009 年版。

杨武、高俊光、傅家骥:《基于技术创新的技术标准管理与战略理论研究》,《科学学
　　研究》2006 年第 6 期。

杨武、吴海燕、杨成鹏:《基于"技术—市场—规制"模型的技术标准竞争力综合评
　　价研究》,《研究与发展管理》2010 年第 1 期。

杨武、吴海燕:《制造业技术标准竞争力 TMR 三维理论模型研究》,《科技管理研
　　究》2009 年第 10 期。

杨迤:《外商直接投资对中国进出口影响的相关分析》,《世界经济》2000 年第 2 期。

姚远、宋伟:《技术标准的网络效应与专利联盟》,《科学学与科学技术管理》2011
　　年第 2 期。

于欣丽:《标准化与经济增长——理论、实证与案例》,中国标准出版社 2008 年版。

张桂梅:《价值链分工下发展中国家贸易利益研究》,经济管理出版社 2012 年版。

张海东:《技术性贸易壁垒与中国对外贸易》,对外经济贸易大学出版社 2004
　　年版。

张米尔、冯永琴:《私有协议:技术标准的新形态及生成机制研究》,《科研管理》
　　2010 年第 4 期。

张平、马骁:《标准化与知识产权战略(第二版)》,知识产权出版社 2005 年版。

张平:《冲突与共赢:技术标准中的私权保护》,北京大学出版社 2011 年版。

张其仔:《模块化、产业内分工与经济增长方式转变》,社会科学文献出版社 2008
　　年版。

张曙宵:《中国对外贸易结构论》,中国经济出版社 2003 年版。

张泳、郭炜:《标准竞争与企业的标准竞争战略研究》,《科技进步与对策》2006 年
　　第 6 期。

张泳、黄柳婷:《标准竞争、组织创新和组织绩效之间的关系研究》,《科技管理研

究》2013 年第 7 期。

赵厚麟:《对中国国际标准化工作的几点建议》,《中兴通讯技术》2005 年第 4 期。

赵树宽、鞠晓伟、陆晓芳:《我国技术标准化对产业竞争优势的影响机理研究》,《中国软科学》2004 年第 1 期。

赵晓晨:《利用加工贸易技术扩散优化出口商品结构研究》,《财贸研究》2006 年第 4 期。

赵英:《中国制造业技术标准与国际竞争力研究》,经济管理出版社 2008 年版。

赵玉敏、郭培兴、王婷:《总体趋于恶化——中国贸易条件变化趋势分析》,《国际贸易》2002 年第 7 期。

中国标准化研究院:《标准化若干重大理论问题研究》,中国标准化出版社 2007 年版。

周鹏:《标准化、网络效应以及企业组织的演进》,东北财经大学出版社 2005 年版。

诸德春:《同步工程在汽车开发中的应用》,机械工业出版社 2011 年版。

朱瑞博:《价值模块整合与产业融合》,《中国工业经济》2003 年第 8 期。

朱彤:《网络效应经济理论》,中国人民大学出版社 2004 年版。

宗毅君:《国际产品内分工与进出口贸易——基于我国工业行业面板数据的经验研究》,《国际贸易问题》2008 年第 2 期。

后　记

从技术性贸易壁垒转入标准化的研究，是 2005 年在广州召开的一次学术会议上，与商务部世贸司安佰生博士交流之后，所做出的决定。在那次会议上，安博士介绍了我国作为正式成员第一次向 WTO 提出的提案——"标准化中的知识产权问题"，其中所蕴含的关于标准化的深刻思考，强烈地吸引了我。

但是，标准化研究之路不易，甚至非常艰辛。首先，是领域的孤独。尽管业内外人士越来越多地认识到标准对社会经济发展所起到的重要作用，但长期以来，它不是一个显学，无论是政府管理，还是学术研究，都偏于一隅。其次，是理论的贫乏。虽然有 Katz、Shapiro、Farrell、Saloner、Swann、Blind 等众多学者在标准化领域做出了卓越的贡献，但从整体上，还没有建立起规范的、系统的标准化专门理论。在主流经济学中，标准还极少被提及。再次，是数据的困惑。由于标准的分类与其他的分类，如国民经济分类、专利分类、工业部门分类、国际贸易分类，等等，没有形成统一的对应关系，在进行定量分析的时候，数据的处理非常困难。更重要的是，由于行政管理等方面的原因，国内关于标准、标准化技术委员会、标准专项经费，等等，都缺乏相对系统全面的统计，这就对进一步细致深入的研究产生了一定的阻碍。

即使有诸多的困难，也没有阻止我在标准化研究之路上前行。从"标准化与国际贸易"到"跨国公司参与东道国的标准化"，再到"标准竞争优势"，一点点地坚持，一步步地前进。之所以如此，是因为一路走来，获得了太多人的帮助和支持。

感谢王耀中教授、薛澜教授、梁正教授、Deter Ernst 教授等诸位导师。正是在博士、博士后、访问学者的不同阶段，不同导师的精心指导，让我得以逐步沿着正确的方向不断前行。

感谢湖南大学刘克利教授、赵跃宇教授、赖明勇教授、张亚斌教授、郭平教授、罗能生教授、许和连教授、祝树金教授、刘志忠教授等领导和同事，他们的关心和指导是对我最好、最及时的鞭策。

感谢中国标准化管理委员会方向副主任，商务部安佰生处长，中国标准化研究院王平副总工、白殿一副总工、王益谊所长，《中国标准化》杂志范洲平主编，中国通信标准化协会潘峰副秘书长，全国信息技术标准化技术委员会高林副秘书长，甲骨文公司丁蔚总监，ASTM中国代表处刘斐先生，湖南省质监局的胡俊平处长、李少阳处长，长沙市质监局的刘典军处长、黄泳原处长，台州市质监局江传文处长，台州市职业技术学院张帆老师，马鞍山市质量技术监督局俞骞，中联重科的毛志君部长，浙江银轮机械夏立峰高工，长沙开元仪器张锦女士和王淑春女士，以及其他业界朋友，你们在标准化专业上的知识给我巨大的帮助。

感谢我指导过的历届研究生。他们被我固执地要求同样坚守在标准化研究领域，希望他们感受到的除了学术研究的枯燥与孤独，还有团队的温暖与力量。

感谢家人，特别是妻子凌艳平和女儿侯语琳，她们对我长期忽略家庭由容忍到习惯，是我能长期沉迷于书堆的坚强后盾。

感谢欧阳峣教授。正是他当年的提点和帮助，才有了本书的主题，从大国经济的角度来研究国际贸易和投资中的标准竞争优势。感谢他将本书纳入"大国经济丛书"。

感谢国家社科基金(11BJL050)的资助，这不仅给研究项目科研经费上的巨大支持，更让研究者有一种自豪与荣耀！

《中共中央关于全面深化改革若干重大问题的决定》中明确提出："政府要加强发展战略、规划、政策、标准等制定和实施，加强市场活动监管，加强各类公共服务提供。"这非常明确地肯定了标准在社会经济发展中的作用，但究竟怎么做，理论依据是什么，显然还需要更加深入的探索。标准化研究道路还很长，我将坚定地走下去。

图书在版编目(CIP)数据

基于标准竞争优势的中国贸易投资大国发展战略研究/
侯俊军著.—上海:格致出版社:上海人民出版社,
2015
(大国经济丛书)
ISBN 978 - 7 - 5432 - 2519 - 0

Ⅰ.①基…　Ⅱ.①侯…　Ⅲ.①国际贸易-投资-发展
战略-研究-中国　Ⅳ.①F752

中国版本图书馆 CIP 数据核字(2015)第 101963 号

责任编辑　程　倩
装帧设计　路　静

大国经济丛书

基于标准竞争优势的中国贸易投资大国发展战略研究

侯俊军　著

		印　刷	苏州望电印刷有限公司
出　版	世纪出版股份有限公司　格致出版社	开　本	787×1092　1/16
	世纪出版集团　上海人民出版社	印　张	14
	(200001　上海福建中路 193 号　www.ewen.co)	插　页	2
	编辑部热线　021-63914988	字　数	200,000
	市场部热线　021-63914081	版　次	2015 年 9 月第 1 版
	www.hibooks.cn		
发　行	上海世纪出版股份有限公司发行中心	印　次	2015 年 9 月第 1 次印刷

ISBN 978 - 7 - 5432 - 2519 - 0/F · 838　　　　　　　　定价:45.00 元